優渥叢書

優渥叢書

優渥叢書

斷捨離的56堂正向課

『放下，簡單，你就能成功！』

矢作直樹◎著　侯詠馨◎譯

悩まない——あるがままで今を生きる

CONTENTS

CONTENTS

第三課

第四課

健康篇：病痛，讓我們失去活下去的動力嗎？

CONTENTS

第五課

親情篇：當孩子課業、父母等問題來臨時…… 165

推薦序
整理人生，找回幸福

國際演說家、人際溝通專家　吳娟瑜

當一位大學教授告訴你：「人生就是連續不斷的挫折」、「我們誕生到人間界上，是為了學習各種教訓」，你可能覺得這不過是老生長談。

可是，當你知道這位在日本東大醫院，建立ＩＣＵ（加護病房）急診體制的臨床醫生，從小經歷各式各樣的人生試煉，例如：小學三年級曾經被車子撞飛，當時的主治醫生說他活不過小學畢業；大學醫學系五年級時，曾經兩度嚴重墜崖、墜谷；當投入醫生救人工作，他的父母相繼離世，尤其母親晚年住在一間小套房孤獨老死，整天忙碌工作的他，一直愧對自己的母親……，你對他的說法會產生堅定的信任。

本書作者矢作直樹醫生，就是這樣一位在人生道路上，不停地和命運搏鬥，不停地協助病人和命運搏鬥，又能從中找到許多人生正面訊息的智者。

日本人「看場合」溝通

矢作直樹醫生提到：「日本人的民族特性，溝通的時候隨時都在看場合、感受波長。雖然國際社會有一股批評的聲浪，表示他們搞不清楚日本人的想法，但就是因為這樣的語言構造，讓日本免於捲入各種無謂的紛爭與激烈的衝突，這也是日語的美妙之處。」

原來如此！從外顯行為來觀察，當我們看到日本電影、電視劇和新聞報導，總覺得他們是慢條斯理，甚至有點低調、壓抑，然而在作者的分析探討之下，才明白日本民族是「人種熔爐」，歷練一萬多年的時間，將日本列島各種民族的

DNA，做了最美妙的融合，因而導致日本人擅長判讀彼此的波長，懂得看場合慢慢地溝通。

在《斷捨離的56堂正向課》中，矢作直樹醫生娓娓道來（還真的讓我讀懂他的分享波長），建議只要「放下五十六件事，你就能成功」，他的做法就是提供一個個心靈休憩站，讓大家在不同的生命風景區，找回重整的動力和調整的方向。

轉化行動的勇氣

在家庭的人際關係裡，他建議我們不要對家人有過度的期待，保持若即若離的關係，通常能大事化小，小事化無；對婚姻制度，他建議夫妻不必在生活相處中裝模作樣，做自己就好了。

如果有母女糾結、父子衝突，他建議把事情劃分清楚，就能以聰明方式來相處，說起來也沒錯，有的人往往把「人」和「事」糾結在一起，總認為「你是我的孩子，應該要……」、「你是我的丈夫，你應該……」，結果對「人」期望過高，要對方把「事」做到盡善盡美，這時爭吵於焉產生了。

由於作者是執業醫生，看盡人間生老病死，每天也接觸各種病症的患者，他深深體悟到「生病治療有沒有成效，全憑自己想不想治好」，旁人怎麼規勸都無意義，還說「不需介入別人的思想，因為拚命說服只是白費時間」、「復健成功的關鍵，在於是否聆聽身體的聲音」。他更以急診室醫生的身份提醒大家：「壓力是疾病的元兇」，千萬要及早把人生問題轉化成行動的勇氣，多做一些「決定想做」和「該做」的事。

找到人生「正態度」

儘管作者矢作直樹醫師正在從事科學醫療服務，但他對靈魂不滅、死後投胎、輪迴轉世卻有個人的領悟和見解，他提及很多人無法消除對死亡的恐懼，是因為不相信死後世界的存在。他建議大家「讓靈魂覺醒，體會真正『愛』的本質」，也就是多聆聽自己的內在聲音，用「正態度」去面對人生的負能量。

身為一位國際演說家，我到海內外巡迴演說五千場以上，傳遞的也是「身為一個人如何找到做人處事，善待自己的幸福密碼」。我慶幸自己能提早拿到這本書稿，而且先睹為快，讓我在人生信念、生活習慣、壓力釋放、調整腳步等各方面，能夠再一次洗滌，同時找到重新出發的新動力！

前言

一位臨床醫生的感悟：煩惱是人生永遠的課題

面對煩惱時，該怎麼辦呢？人們花了大半輩子的時間來解決這項課題。

身為一位臨床醫生，長年以來，我在各種醫療現場看到、感受到的，都是人們「與煩惱永無止境的戰爭」。有些煩惱看似相同，但實際上每個煩惱都是獨一無二的存在。

我生病了嗎？我會在哪裡臨終？我什麼時候會死？很多人抱著懵懵懂懂的不安，煩惱著這些問題。每個人煩惱的範圍與深度都不一樣，所以我們不能單方面地要求對方停止煩惱。然而，如果有空胡思亂想，為了不知何時到來的死亡感到不安，不如想像一些馬上就能達成（採取行動）的樂事吧。

不管有沒有生重病，我們遲早都要迎接死亡。所以每天都要活得精彩，才不會留下遺憾，這就是我說的心理準備。當你有所覺悟之後，自然會產生強大的意念：「不如在這個世上待久一點吧。」其實人類遠比自己想像的更堅強。

活得精彩，跟人生的長度無關。活到一百歲的老人安詳往生，是人人稱羨的美談；不到十歲就亡故的孩童，則會博得眾人的同情，這實在是太奇怪了。人生的價值，本來就不能用生命的長度來衡量。對於那些在短暫歲月裡，活出精彩人生的人們，真想對他們說句：「辛苦了。」

死亡是生物的宿命，同時也是我們下一段人生的起點。我們的本質──靈魂──是永恆不滅的存在，即使肉體消滅，我們的本質也不會毀滅。

話雖如此，現在你擁有的也是一段獨一無二的人生。下一次，我們將走上完全不同的人生。意識到這一點後，大家的腦海裡是否開始浮現，在現今這段人生中，想做或非做不可的事呢？

煩惱，是我們在人生路上應該完成（解決）的隨堂測驗。跟煩惱和平共處，同時享受當下，切身體驗自己活著的事實，才是人生最重要的事，也可說是人生的醍醐味。也許「拋開煩惱」這個主題，給人一種知易行難的印象，其實每個人都能輕鬆辦到。在這一刻，只要做你該做的事，你的未來勢必會出現更多不同的轉變。

在此，特別感謝瀨知洋司事務所的瀨知洋司先生、好友赤尾由美小姐、稻葉俊郎先生。謝謝你們在出版之際，提供各種協助。謹藉這個機會，表達誠摯的謝意。

第一課

物質篇：無止盡的慾望，讓你覺得空虛、覺得冷嗎？

捨／被物質主義洗腦，是否覺得自由越來越少？試著簡單生活……

為什麼人會想要擁有各式各樣的物品呢？應該說，為什麼我們從沒斷過購買各種東西的念頭？為什麼要買？現在擁有的還不夠嗎？為什麼我們會覺得不夠呢？

我們是否受到「物質幸福主義」的洗腦？誤以為購買各種東西，過著被物品環繞的富足生活，才是終極的幸福？近年來，越來越多人提倡拋棄多餘物品的重要性。如果大家能放下執著，不為擁有物品而感到幸福，這個理論也不會引起熱烈討論。

物品的增加會帶來短暫的喜悅，隨後便形成雜念與邪念。好想再多買一點，好想擁有更多別人沒有的東西，患了無法滿足的心病。有些人甚至會產生錯覺，認為自己擁有各種物品之後，才能跟別人並駕齊驅，或是爬到高人一等的地位。話說回來，這個世界上根本沒有任何實際數據，指出一般人的平均水準到底是怎麼樣。

我們經常看到商品消費能力及消費客層的統計數據，仔細研究樣本數（問卷回答人次）之後，會發現調查人數明明很少，但這個數據被用來代表全國人民。我們被這個刻意渲染的數字（％）給蒙蔽了。儘管多數企業大力宣揚，擁有自家商品即可提升社會地位，但當你認清事實，得知人生的關鍵在於經歷，相信不需要我多做解釋，你也能明白內在比外表更重要的道理。

東西多了，生活的面積就少了，自由活動的空間也沒了。我擁有的物品大概只有書本，我很清楚手邊的書已經多到該清理的地步。至於一般人認為一定要擁有的東西，我倒是沒什麼興趣。

我住在東京都的中心，所以不需要汽車，只要有腳踏車就行了。擁有汽車不僅要一筆購車開銷，還要其他林林總總的維護費用，相較之下腳踏車好多了。有人笑說開車就不用費力踩，可是騎腳踏車對健康和環境都很好。也有人說如果要去比較遠的地方，騎腳踏車得花很多時間，但這種時候改搭火車就行了。騎腳踏車可以一邊享受風吹拂在臉上的感覺，一邊欣賞周遭的景色，是最棒的交通工具。此外，只要細心維護，腳踏車也能常保如新。

我也沒有買房子。現在，我一整年都待在大學醫院的私人研究室。研究室的空間很小，所以我沒買什麼奢侈品和擺飾。至於身上穿的、用的，我只重視機能，不會追求名牌。

不過，書本的數量應該還會再增加。我不是抱著非擁有不可的心態，只是單純覺得把書放在手邊比較方便。書可以讓我增廣見識，唯獨這一點，我怎麼也戒不掉。我打算在過世後將這些書捐出去，這件事只要預立生前遺囑就沒問題。

離／我們能帶到靈界的財產，只剩「故事」而已

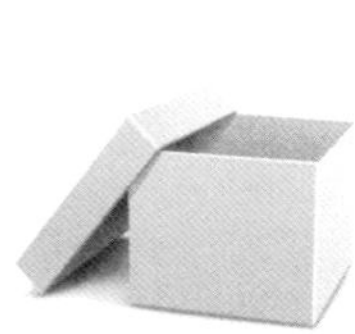

我早在年輕時，就沒什麼物欲。也許是因為工作實在太忙碌，我不得不把全副心神都投注於工作上，根本沒有多餘的心思去想自己要些什麼。總之，我對工作之外的事情毫不關心。但我完全放下物欲之際，是在母親往生過後。

母親在父親過世後，搬離自己的房子，另外租一間公寓。後來，「我不需要」成為她的口頭禪，她真的過著房裡空無一物的生活。直到母親離世，我才深刻體認到樸實無華的生活真的很輕鬆：「啊啊，真的這樣就足夠了。」人過世之後，什麼都帶不走。雖然母親過了五年又三個月的獨居生活，處理她的遺物卻是

一件簡單的工作，一天就整理完畢。

我們能帶到靈界的財產，唯有在這個世界發生過的「故事」，像是從出生到死亡的過程中，我們經歷過的各種事件，以及對這些事件的感想、省思甚至是行動等。人生是由一連串的故事組成，而故事本身沒有好壞優劣之別。

如同我們口中的常識會隨著時代改變，好與壞也是人類擅自認定的價值。真正重要的是我們面對事件的情感：「當時有什麼感受？促使你採取哪些行動？」

物品總是充滿回憶，我也保留一些無法輕易丟棄的東西。儘管如此，我們還是必須整理身邊的環境。此時不妨先分類出需要和不需要的物品。

整理身邊的環境是一場與執著的抗戰。如果不能打敗執著，當你走到人生的最後一程，仍然會對人世間眷戀不捨。假如想要成佛，只能慢慢放下對物品的執著。

一點一滴慢慢做起，先捨棄那些已經不需要、可以說再見的物品，盡量養成定期整理的習慣。

斷／能不比較嗎？斷掉自卑心理這個負面念頭才是贏家

人們經常說：「人生在世，就是一場與自卑的戰爭。」最好不要擁有自卑情結。

在和別人比較時，看到別人擁有自己沒有的東西，而湧現不甘心、憤怒、哀傷等負面情緒，自己明明很清楚不該有這樣的想法，卻無法輕易放下。這就是所謂的自卑情結，也稱作「劣等感」。

了解「分魂」的概念後，即可輕鬆化解這個問題。

分魂指的是我們所有人類皆來自同一個偉大的存在，這在神道[1]的世界中，亦稱為「分靈」[2]。也就是說，我們本來都要回歸到同一個地方，人類只是從其中分出來的靈魂，降生到這個世界，各自歌頌自己的人生。因此，我們既是伙伴、是相同的存在，同時也是不同的存在。簡單來說，雖然是同一靈魂的存在，化為人類到人間修行時，則會變成外觀不同的存在。

在人世間，大家都以不同的臉孔、個性，過著自己的人生。這只是為了方便讓我們能各自修練的一種手段，追根究柢，我們仍然是相同的伙伴。靈學中稱此為「合一」（oneness）。這個說法同樣也能套用在神明，祂們與我們人類的本質都一樣。因此，當我們感受到良心或直覺時，即是感受到心中神明的存在之際。

有人認為這樣的想法不夠科學，他們不相信靈學，堅信唯物論，以物質至上主義思考，才會因此出現不斷苛責自己的自卑感。在人世間，個體意識是我們必須學習的課題，但當這種意識過度強烈，則會演變為被害者意識：「為什麼只有我是這樣？」

有些人執著心比較強，沒發現別人能力比自己還強的事實，只會感到不甘心：「為什麼他辦得到，我卻辦不到？」只要了解執著心是由疏離感衍生的非必要情感，反而會萌生這樣的想法：「我辦不到的事情，他都幫我做到了。」

聽到別人成功時，我們無須嘆息。因為他幫你達成你做不到的事，只要坦率地為那個努力的人拍手並讚揚即可。在各自的領域，快樂地生活就行了。

順帶一提，「我們現在同時身處於同一個時空」這件事，有它的意義。正如「每片落葉皆是出於神的旨意」，凡事沒有偶然，只有必然。就像同時行經澀谷站前十字路口的人們，也都是出於必然的安排，只是當事人沒有察覺罷了。

即便能做到的事情很有限，但我們只需在力所能及的範圍內，盡全力去做就行了。在行動時，記得要有自知之明，並做合乎身分的事。如此一來，自然會塑

1 日本的傳統宗教，以自然崇拜為主。
2 分香，將神佛香火移往他處供奉。

造出我們的品格。這種態度將成為讓意識進化的力量。

進一步來說，知足能讓人察覺，原來自己陷於疏離感之中。住在足以遮風避雨的房子裡、每天都能填飽肚子，在這種滿足最低生存條件的情況下，仍有許多心願想達成，也算是一種奢侈吧。

「人應知足。」這句話在這個不愁吃穿的年代裡，似乎已經流於形式，不過我們應當重視這句話，反省自己的人生。

正念／跟負面能量的人與正面能量的人來往，差異是……

「比較」這件事本身具有某種價值。我們必須藉由比較，確認自己跟其他人的不同，也就是為了證實「人人皆不同」這句話的正確性。比較的時候，我們沒必要湧現負面情緒，也不需要抱持優越感。

尤其在人際關係方面，自卑感已經發展到近乎詭異的地步。人類的歷史也可說是一部「嫉妒史」，我們過度介意別人的存在了。人們必須理解分魂，才能解決這個問題。

我認為嫉妒心源於自卑感。過度的比較讓人滿懷攻擊性的情緒，最後採取詭異的行動，造成人際關係緊張。

善妒的人比比皆是。遺憾的是，我們只能靠自己的力量，斬斷這種扭曲的感情。唯一的辦法，就是認真檢討自己，是否或多或少踐踏了對方的感情，好好反省過後，從中理解你並不需要感到自卑。如果不想被捲進負面情緒的漩渦，請不要跟善妒的人來往。

「像他這樣真好。」憧憬是一種重要的情緒。憧憬的心態將會帶來積極正面的能量，讓人不再自卑。如果你也有「我想要這種生活方式」、「我喜歡那種想法」的憧憬心理，請務必珍惜。

前面提到自卑是一種劣等感，劣等感可說是對過去（那段時間）感到後悔。悔恨過去太愚蠢了，請不要這麼做。因為我們「活在當下」，請大家重視現在吧。

順帶一提，執著於過去的人，通常都是愛抱怨、愛批評的人。如果你能跟這種人相處愉快，倒還無所謂；如果你覺得不舒服，請不要跟他們來往。只要你不願意，對方也不會讓你加入他們的小團體。

重視當下，將會慢慢改變未來。請抱著「一期一會」的心情度過每一天，即可一步步接近自己的目標。最後你會發現，原本一直揮之不去的自卑感，已經在不知不覺中消失了。

斷／學會用數據、資料客觀判斷

在任何情況下，我們都不應該擅自推測。推測指的是事前的判斷，也就是預測。若你擁有足夠的資料，或許能做出正確的判斷，不過如果環境沒這麼完善，你的判斷極有可能帶來預料之外的後果。

醫療現場就是典型的例子。在診斷的過程中，我們有多次檢查的機會，必須根據從各方面收集到的資料，決定治療方針，這就是實證醫學（ＥＢＭ）。

不管身處什麼年代、面臨哪些狀況，我們都必須以虛心坦然的觀點來思考，這才是科學的基礎。少了這個最基本的條件，我們無法正確地判斷事物。

特別是我待的急診部門，得在有限的時間內，完成該做的工作。這裡是一般人難以想像、非常混亂的工作場所。然而，身為一個賴此維生的專業人員，我必須盡到自己的義務。在這樣的狀況下，如果擅自推測，容易使治療走上錯誤的方向。

我們還得與時間賽跑。姑且不論可以長時間治療的慢性疾病，急性疾病的治療時間有限。此時，需同時考量時間與物理因素，才能做出判斷。如果感到焦慮，馬上就會陷入險境。在這種情況下，可能會出現大家都不幸的結果。過去，東大醫院的急診系統就是源於這樣的背景，才會重新檢討與設計。

一九九九年，我就任東大工學部精密機械工學科的講師。身為胸腔外科的兼任講師，我接觸到許多學生及年輕醫師，當時聽到一件讓我大吃一驚的事：「我絕對不會讓親人到東大醫院來看診。」

不少人都大膽地把這句話掛在嘴邊。看來他們對於自己的工作地點沒什麼信心，這下可棘手了。再怎麼說，這裡都是自己的職場。這個狀況，就像食品公司的員工對親朋好友說：「千萬別吃我們家的食物」，或是汽車公司的員工對親朋好友說：「千萬別搭我們家的車」。

回顧當時的醫學界，大家對於急診醫療確實有種事不關己的感覺。因為各部門的醫護人員，對於急診病患沒有一套共同診療的體制，也沒有相關制度。

經過大學內部的一番討論後，我在二〇〇一年調到急診部門。那一年秋天，新的醫學大樓落成，加護病房（ＩＣＵ）成為我的新業務，開始運作。等到ＩＣＵ上軌道之後，也有了新的開始。病情嚴重、急速惡化的患者進入ＩＣＵ治療後，急診部門及其他部門均能妥善配合。

這些急診病患有相當高的比率，是各科負責的病患。ＩＣＵ開始運作後，各科醫生總算能把急診病患當成自己的責任。雖然花了不少時間，不過我們累積不少實績，直到二〇〇四年，東大醫院終於能啟用「院內緊急呼叫系統」（Code Blue）。

二〇〇九年，我們開始實施急重症轉診的綜合急診與教育，這是一個避免主觀推測的支援系統。因為無從得知急診的病患有沒有多重疾病，因此應該先為病患進行全面檢查，等到結果出來，再與各專門科醫師討論，才能多管齊下。這套系統可以避免擅自推測，運用更多資料進行分析。

從二〇一三年起，這個系統已經全面改為三百六十五天二十四小時體制。如果能推廣這套系統，未來應該能在少數醫生的配合下，提供更有效率的醫療。

捨／經驗法則失靈時，是你歸零的機會來了！

前面提到東大醫院建立的急診體制，其實是一個試金石，也就是實現「不擅自推測」的狀態。

為什麼我要費這麼大的工夫建立這套體制呢？因為在封閉世界工作的醫師，常靠經驗來下判斷，難免會抱持成見，擁有獨到的固有觀念，但有時候經驗反而是一種阻礙。經驗與擅自推測息息相關，所以我們需要一套連缺乏經驗的醫師及相關人員都能順利上手的體制。不管是由誰來做，都不會錯得太離譜——這就是急診醫療標準化、體制化的重大目的。總之，保住生命是首要條件，也算是某種自動防故障裝置，能將被害降到最低限度。

然而，在這個世界上，還是有很多難以系統化、形式化的工作。重點是該如何在不擅自推測的情況下解決與面對。

據說金融分析師在進行市場調查時，過去的經驗一定會形成阻礙。我也曾經聽氣象預報人員說過同樣的事。雖然他們手邊的大量資料，都是由二十四小時全年無休的超級電腦運算處理與分析，卻仍然找不出明確的解答。最後，依然只能靠過去的經驗來判斷，也就是擅自推測出結論。

放眼世界，那些醜聞多半肇因於資訊收集體制不夠完善，導致少部分人自行判斷所造成的結果，也可以說是推測帶來壞結果的最佳範本。

正念／困難時，不斷想著「神不會給你無法超越的試煉」

每個人多多少少都會浮現不滿的情緒，想要放下這些不滿是一件難事。在醫療現場，病患通常會因身心不適而不滿，對醫師的診斷感到不滿，甚至發展為對旁人或全世界不滿。

也許你覺得自己沒那麼容易生病，不過人總有生病的時候。只要重新振作起來，積極面對病情就行了，偏偏有人會想：「為什麼只有我會生病？」負面情緒高漲，最後爆發成不滿。

不滿是一種自卑感，是經過比較之後產生的負面情緒。「為什麼只有我會生

病？」就是因為拿自己跟別人比，才會出現這種想法。這時病人處於自卑、悔恨過去的狀態。不過，疾病並不全是由日常生活習慣造成，也許是出於其他的原因，請不要再責備自己或是身邊的人。盡量珍惜現在，才能創造美好的未來。

這個道理不只適用於生病的時候，每個人都有感到煩躁的因素。為了不讓煩躁的情緒爆發，請把重點放在了解自己為何浮現這種情緒。如果能掌握前因後果，就可以幫你避開類似的狀況。經營自己時，這種分析有著重大的意義，因為只有你才能經營你自己。反過來說，如果能在事前給予自己正確的方向，即可經營一個跟過去完全不同的嶄新自我。

誠心建議大家，不如嘗試具有強大能量的**自我暗示**。人們常說：「神不會給你無法超越的試煉。」我覺得這句話講得很有道理。我把這句話深深烙在心底，幾乎成為我的潛意識。大家不妨當成受騙上當，試一次看看，絕對不會後悔。

離／不滿的人有個共通點就是「寂寞」，因此……

心懷不滿的人都有一個共通點——寂寞。

沒人肯聽我說話、沒人理我、大家都不把我的話當一回事、對我視若無睹、不肯跟我交往等事情而衍生的寂寞，如果放任不管，將日漸膨脹。近年來，猶如怪獸一般的惡質客訴者造成許多社會問題，尤其是這幾年，據說中高年齡層的惡質客訴者越來越多。他們或多或少都有類似寂寞、被拋棄的情緒。

惡質客訴者通常處於沒人肯傾聽他說話的狀態中，因此感到不安，導致不滿的情緒高漲。但我們應該了解，這樣的狀況不會只發生在自己一個人身上。當你客訴的時候，你一定沒為對方設想，其實對方也為了工作焦頭爛額，而你只顧著說自己的事，這樣只會讓對方想盡快離開你的身邊。

真心誠意地說明、聆聽對方的話固然重要，反過來為對方著想也很重要。大家已經不是小孩子了，別把不滿的情緒發洩在別人身上。

各位讀者也許現在（或是曾經）隸屬於某個組織，應該明白這個道理：「辦得到的事情就是辦得到，辦不到的事情再怎麼努力也辦不到。」也可以把辦得到、辦不到換成「想做、不想做」。

也許有人會笑說，這不是理所當然的道理嗎？但這是最重要的公式。因為大家忘記這個事實，才會導致不滿的情緒高漲，引發永無止境的紛爭。過去，我在工作現場也有很深刻的體認。

請大家認識這個公式，不是用大腦理解，而是用身體去感受。這是化解不滿的入口，同時也是認同自我的最短捷徑。這種狀況相當接近放棄、看開，或是「包容現有的一切」的心境。如果你不願意包容，將會錯失發現對方優點的機會。

這是我們在年幼時就應該接受的教育。社會應該透過這樣的基礎教育，告訴大家：這個社會像是一幅拼圖，每一片拼圖的形狀都不一樣，大家都有自己該有的位置，全部組合起來，才能構成一幅畫，組構出這個世界。在學習知識之前，是不是應該先學會這件事呢？

正念／許個願吧！
它將化成堅信自己會成功的力量

「如果這樣該有多好？」這類正面的念力，也就是心願，其實有一股肉眼看不見的力量。心願的效果遠比我們想像中還強大，復健就是一個最明顯的例子。當本人懷抱強烈的願景，希望體力盡快恢復時，身體機能確實會逐漸復原。乍聽之下有點玄奇，但只要了解能量循環的機制，應該就會心服口服。

意識與思念就是一種能量。

有些能量來自外界，有些靠自己形成。能量有很多種，有些帶來正面效應，有些造成負面作用。相同的能量彼此吸引，不同的能量互相排斥。

人們常說：「心想事成。」強烈的願望與想像，可以化為意識能量，同時影響內在與外在。在能量的作用下，自己與身邊的人都會採取行動，逐步往實現心願的方向邁進。我們每天都在無意識之中，交換各種能量。

有人認為這時不可以說：「如果這樣該有多好」，應該要用完成式來許願：「我成功了，謝謝大家」。這是鹽谷信男提出的概念，他從東大醫學部畢業後，已經在東京都內開設五十五家診所。他努力研究念力的強大能量，稱此能量為「自在力」。

許願的時候，必須堅信自己已經成功、有所成就。如果想著完成式「我成功了」，即可成功；若想的是「我應該會成功」，則不會成功。最近常聽到「吸引力法則」，講的也是同樣的道理。我非常贊同鹽谷信男的說法，我們應該活用念力的能量。

請大家切記，念力也會往負面發展，產生負面能量。有一種情況特別值得注意：原本為了一點芝麻小事而心煩，後來小事會逐漸擴大，最後演變成嚴重的煩惱。

話說回來，大家擔心的事情，往往都不會發生。

日本人是個愛操心的民族，喜歡擔心根本不會發生的事情，這是個壞習慣。把能量虛耗在這種事情上，真的很愚蠢。久而久之，擔心轉化為壓力，一切失去平衡，連平常覺得很簡單的小事都做不好了。一旦失去平衡，人會想像更不好的事情，形成惡性循環，造成負面連鎖反應。

我們可以透過想像來度過舒適、愉快的生活，但請大家千萬別想像不好的事情。假使世界上很多人都在想不好的事情，將會影響大家的潛意識（集體潛意識），也會把現實生活帶往不好的方向。千萬別忘了，無論能量循環是好是壞，都會影響現實生活。

除了不要擔心之外，還請大家不要焦慮。焦慮不僅對復健沒有幫助，對其他事情也一樣。在焦慮的情況下，人們很難維持小心謹慎的心態。當身體機能失調時，更應該冷靜地採取行動。

突然生病、工作不順、家庭失和、與朋友意見相左等，都是焦慮的成因。我們可以把這樣的事件，當成無形力量的作用，是讓你暫時休息的機會。也就是說，你的身體與心靈在抗議，它們想要休息。這時人們往往容易想像一些不好的事，但應該先讓自己歸零，接受這樣的事實才對。

還有一件更重要的事，就是請不要埋怨別人，也不要埋怨自己。之所以會演變成現在的情況，中間一定夾雜著數不清的要素，才會造成這樣的結果，沒有人該為這件事情負責。

順帶一提，如果你心裡怨恨某個人，送出負面的念力，這股念力將會以同等的能量，回報在自己身上，因為能量會回到相同頻率（波動）的地方。這種能量又稱為「業力」或「果報」。如果你覺得最近的日子很糟，最好反省一下自己曾經做過哪些事。

捨／投入熱衷的事物，讓複雜的欲望變得純粹

無法控制欲望的人，勢必會在人生的重大關卡露出馬腳。名譽（名聲）、財富、生理、功名、物質、權利等各式各樣的欲望，會在人生中輪番上場。

人是軟弱的生物，一不小心就會著魔。若缺乏堅強的信念，也許會被一時的氣氛帶著走，隨著別人起舞。有人認為集中精神、培養自制心，即可避免這種情形。話說起來很簡單，但不是人人都做得到。

我推薦一個控制欲望的方法：熱衷並投入自己喜歡的事物當中。如果你喜歡工作，那當然是再好不過；你也可以找一些興趣、運動，甚至是一些小事都無所

謂。只要熱衷於某種事物，把全副精神都放在上面，就不會再想東想西了。

如果能憑自己熱衷的事物，在這個世上一舉成名，也是一番美談。不過大多數的人志不在此，單純是因為喜歡而樂此不疲。埋首其中的時候，真的非常認真，幾乎忘了時間，完全可以用「忘我」兩個字來形容。在這種狀態下，根本沒時間去想我剛才列舉的各種欲望。

熱衷某件事、忙於其中，並不是一件壞事（當然也有例外）。有句話說：「小人閒居不為善。」這句話出自儒家的經典《大學》（四書之一），意思是一般人只要有閒暇的時間，就會動一些歪腦筋，甚至付諸實踐。相反地，忙碌的時候，根本沒有心思盤算壞事。

人的欲望當然不會消失。不過，我並不認為一切的欲望都是負面的，希望大家能了解這一點。你可以表現出不帶罪惡感的欲望，但如果你覺得某些欲望讓你產生罪惡感，應該自行控制這股欲望。

求知即為一種基本的欲望，提高自己的探究心與向學心，都是正常的欲望，我們應該盡情發揮這種欲望。如果是為了獲利而貶低別人、把別人踩在腳底下，就是不正當的欲望。等到業力回報時才後悔，就為時已晚了。

純粹的欲望，也就是喜歡某種事物的能量，是驅使一個人行動的強大力量。在醫療現場中，想看到病患與家人的笑容，他們的感激會帶來喜悅，這些正向的情緒成為醫療人員的原動力。

另一種相反的意見，是平常就「不抱持什麼期待」，也能有效控制欲望。人類總是期盼別人為自己做些什麼，也希望獲得別人認同，這些都是一種欲望。不過，畢竟這件事的主導權在別人手上，不可能完全如自己所願，所以最好不要過度期待。在別人真的為你做了什麼的時候，心懷感激就行了。

當扭曲的欲望浮現時，我們該怎麼辦？

「勞累」其實是一個很有效的方法。從事農、漁業或是某種運動的人，應該能明白我的意思。當人類的肉體疲勞時，許多欲望都會消失無踪。也就是說，勞動肉體也能讓人達到某種忘我的境界。

最簡單的方法就是去外面走路，這是每個人都能立刻實踐的事。在某些探討靈學世界的書籍中，也提到走路能幫助人進入瞑想狀態。

走路的時候，最好保持會冒汗的距離與速度。在走路的過程中，雜事將慢慢離開你的腦海，走路這件事將佔據心思：「要走去哪裡？好像差不多了。不，似乎還可以再走一段。」定期健行不僅有益健康、調適心靈狀態，甚至可以控制欲望、解除焦慮。

離／離開不人性的大量科技，因為面對面溝通才能化解猜忌

如果你平常跟親朋好友溝通無礙，倒是沒什麼大問題，但若某天兩人因細故而意見不和，雙方內心將萌生微弱的猜疑心。猜疑心會影響日常的言行舉止，導致兩人關係緊張，走上毀滅之路。

這時，我們通常會單方面指責對方，但是再怎麼說，溝通都是自己與對方的雙向關係，也不能說自己完全沒錯。或許你已經在不知不覺中，播下毀滅兩人關係的種子，不過大多數的人都對這件事毫無自覺。

尤其網路上氾濫的資訊，已經為我們的生活帶來重大的改變。有人認為資訊

量與可信度呈反比。儘管這是極端的看法，不過我想大家都很清楚，在資訊圈（infosphere）[3]的互動越頻繁，反而會引發更多溝通上的衝突。原本兩人的互動沒這麼親密，超越某個限度（臨界點）後，將入侵彼此不容侵犯的聖域。

有人對這種情況感到憂心，提倡「定期資訊斷食」。還有一種更嚴重的情況，就是在尚未跟對方充分溝通的情況下，自行萌生猜疑心。雖然網路是一種方便的工具，但也會帶來偏頗的資訊。處於這種不安定的精神狀態下，人們將擅自推測。雖然我把網路當成獲得第一手消息的來源，但同時也認為在網路上查不到真正重要的事。

在醫療現場的猜疑心，也就是病患對醫師或醫院的猜疑心，幾乎都是溝通不良所導致。應該要當場發問、當場說明，如果連最基本的交流都辦不到，事後很容易引起糾紛。

話說回來，溝通不應該只是利用簡訊或電話等方便的工具交換意見，最重要的是面對面的時候，透過情感的交流與融合產生共識。取得共識後，才能順利溝通。

有人認為這種方法太原始、太過時，不過直接面對面是消除妄自猜疑的好辦法。大家應該都有這樣的經驗吧？見了面之後，才發現對方跟自己想像的不一樣；聊過天之後，才覺得對方還不錯。不過，我們通常都很排斥與對方當面交流。

我們會在面對面的時候交換能量，這是一種沒有形式可循的過程。通常自我啟發類書籍會探討這個主題，即使能掌握大原則，最關鍵的還是自己與對方的交流情況。

形式化的應對進退，反而會掀起對方的猜疑心。唯有流露關懷對方的感情，才能塑造溫馨的氛圍。是否能順利溝通的關鍵，在於「形成面對面的情境」時，如何交流兩人見面前累積的各種資訊與情感。因此，面對面的時候，如果單方面

3 有別於物理空間，是由資訊構成的特殊秩序。

積極進擊，未必會有好下場。

乍看之下，主動出擊的一方似乎能讓對方順從自己，其實他根本沒顧慮到此舉會讓對方萌生強烈的猜疑。笨拙也無所謂，處事不夠圓滑也沒關係，想要提升面對面情境的價值，請你用自己的話來表達，才是最佳手段。不斷累積這樣的經驗，即可消除對方的猜疑心和擅自推測。

重點整理

- ☑ 東西多了，自由也少了。
- ☑ 我們能帶走的財產，唯有在這個世界發生過的「故事」。
- ☑ 人應知足。
- ☑ 重視當下，將會慢慢改變未來。
- ☑ 不管面臨哪些狀況，都必須以虛心坦然的觀點來思考。
- ☑ 經驗與擅自推測息息相關，有時候經驗反而是一種阻礙。
- ☑ 寂寞，是心懷不滿的人的共通點。
- ☑ 心願的效果遠比我們想像中還強大。
- ☑ 想控制欲望，就熱衷並投入自己喜歡的事物當中。
- ☑ 面對面溝通，是消除猜疑心的好辦法。

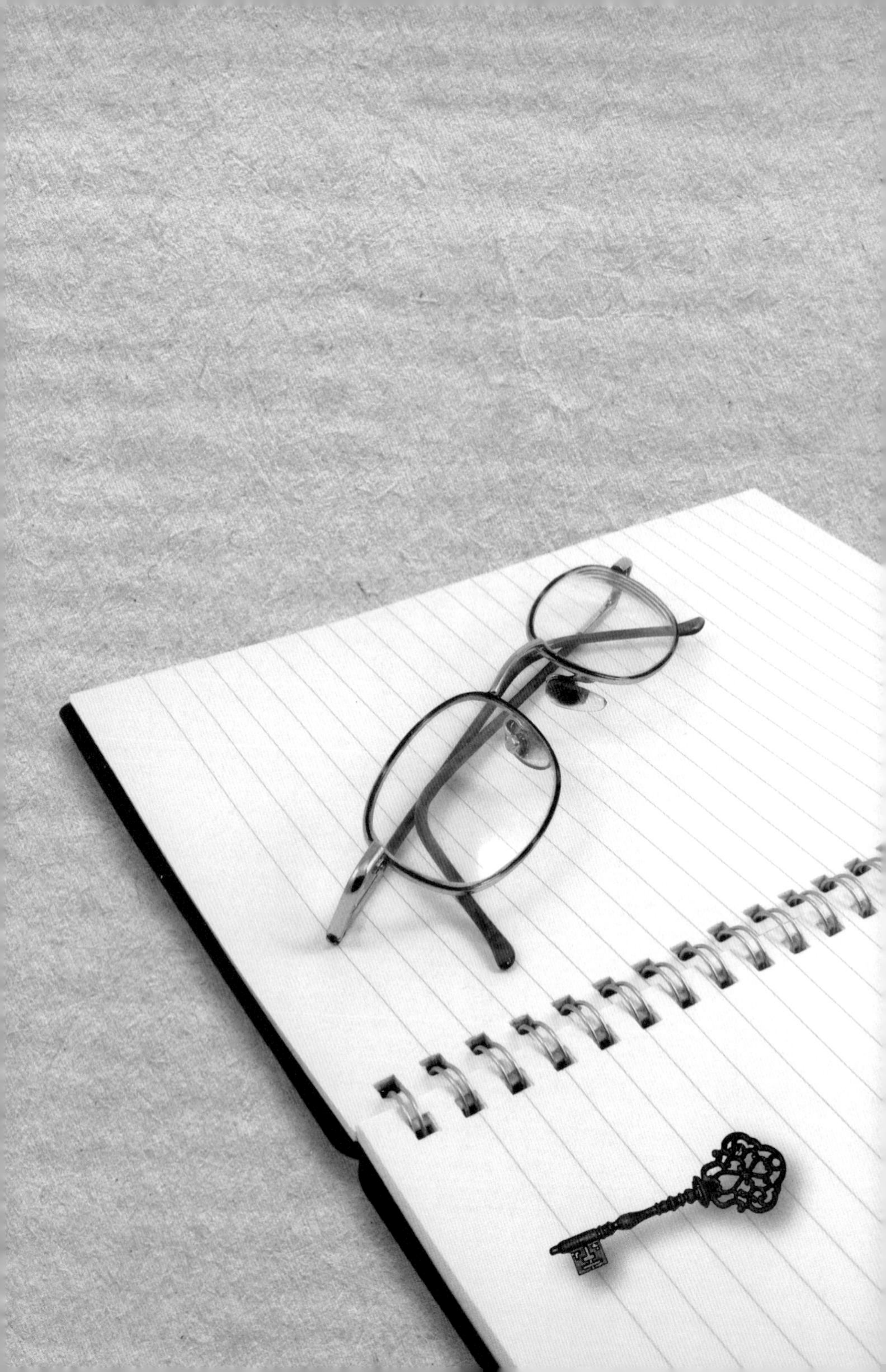

第二課

心靈篇：糾結、抑鬱的心情，該如何自我解放？

斷／用科學理性思考，讓感性衍生靈感與體貼

每個人都想活得「融通無礙」。這個詞的意思是思考與行動不受任何限制，隨心所欲地過日子。每個人都想用這種方式，走完自己的人生，實際上卻事與願違，每天過得焦慮不安。

我們無法輕易逃脫「堅持」這道詛咒。日積月累的堅持會形成執著，執著是在人生投注龐大陰影的元凶。從出生那一刻到現在，我們耗費相當長的時間，用大量資訊在體內交織成堅持與執著，因此無法輕易捨棄。

至今，我已經看過太多不肯捨棄執著的人，最後都輸得一塌塗地。在他們身

上，我總能看到一種緊抓著「義務論」不肯放手的態度。

請大家想一想。執著能否乾脆俐落地解決所有的問題呢？你應該會發現，執著通常無法解決問題。在生活或思想方式上，擁有自己的方針固然重要，但太過固執只會淪為粗鄙與俗氣。開會的時候，總有一些堅持無聊小事的人，你會不會覺得他根本無心解決問題？

重要的是，得知現在的觀點無法解決問題後，應該立刻拋棄現在的觀點，找出新的觀點。這就是融通無礙的本質。關鍵在於如何解決問題，而不是堅持與執著。

在科學的世界裡，「融通無礙」聽起來有點刺耳。

科學是一門探究未知事物的學問。本來應該是方法論，不過有些人喜歡把肉眼看不見、不可思議的事物，跟靈學混為一談、一笑置之，這樣的態度稱不上科學。

想探究未知的事物，或是處於尚未得到定律的狀態時，科學更需要融通無礙的態度。然而，總會有一些自稱是科學家或醫學家的人，拘泥前人留下的成績，視野非常狹窄，只顧著在這個領域拚一個地位。

靈學的確也包含看不見、未知的事物，使用這個名詞不一定有害，問題出在一笑置之、批判研究的態度。

科學思考也有自己的定義。先在未知的情況下發現並檢視事件（現象），接著提出假說，再藉由反覆不斷的實驗與無數次的檢驗，確認它的重現性後，這個事件（現象）才能稱為科學的知識。

然而，開口閉口就提科學的人，多半不理解事物的起源，就是那些不可思議的現象或資料，也不清楚它們的使用方法。這些人無法虛心坦然地觀察眼前的事實或現象，只會執著於自己的推測：「絕對不會這樣」、「絕對不可能」。即使碰到稀有的現象，他們也會裝作視而不見。

我們在生活中，應該保持理性與直覺的均衡。

理性是人類固有的思考能力，由個人經驗與知識構成。從科學的角度來說，是參考過去實績與歷史之後產生的想法。然而，過於理性會產生傲慢的情感，而傲慢無法吸引別人，只是一種自負。

相對地，直覺是能瞬間看穿本質的目光（觀點）。說到直覺，好像會跟神明扯上關係，因此有人把直覺翻譯成靈感。又因為沒有證據，大家通常認為「不夠科學」。不過，科學界的先鋒往往都表示，他們重現直覺更甚於理性。

思考很重要，但是我們不需要堅持自己的想法。如果浮現什麼靈感，請你重視當下的直覺。

離／不幸是他人想像的標準，但幸福可以由自己定義

我們不需要執著於過去。

回顧過去的人生，其實夾雜了各種想法，不管是幸福還是不幸，都是自己擅自創造的幻想，更像是某種幻覺。

話說回來，我們根本沒有任何標準，可以確實判斷幸福或不幸。如果硬要找一個標準，一定是當時「自己的心」。

心靈每天都會不斷改變。心靈是經驗與情感的累積，有時覺得很累、對某個人很生氣；有時又覺得沒關係、那個人是對的。當時的心情決定自己的心境。

即使大家都說某個人可憐，說不定當事人覺得自己很幸福，只是身邊的人擅自想像與判斷。有些人是人人稱羨的勝利組，說不定本人覺得自己活在不幸的谷底。

心靈是一種非常不安定的事物，我們沒有任何估算的標準，可以評判幸福與否。假設只有自己的心才能區分幸或不幸，那麼過去的好壞也是取決於自己。

不管過去是否不堪回首，事情都已經過去了，不需要再執著。如果怎麼也忘不了過去，只要把過去跟現在劃分清楚就行了。也就是說，應讓心念一轉：「當時我總算安然畢業，不論好事或壞事，都從中學到很多東西。現在我將進入下一階段，接下來打算要……。」

與朋友往來時，有些人執著過去，有些人則喜歡聊現在或是未來。這時應該思考：「我把重點放在哪一段時間軸上？」

無論何時，無論用什麼方法，我們都不能改變過去。

別想要改變過去的事實，只要改變前面提到的心境，思考現在的自己該怎麼接受那段過去，並改變觀點與看法。例如：當時雖然很慘，可是學到不少教訓，我也變得更堅強，那是一段很美好的經驗。

一段時間後，這些往事都會成為回憶。當重要的人離世時，經過一段時間後，悲傷將會化為「當時哭了好幾回呢」的懷念心情，這就是所謂「時間是最好的解藥」。

想要確保現在的優質時光，請把過去留在回憶裡，重視現在的每分每秒。珍惜當下，才能得到你想要的未來。

捨／不糾結於過去，只放眼未來

在這個世上，大多數的機制都建立在過去的實績上；同時，人們又期望所有的機制都改良成不受過去限制、不執著過去成績的型態。

為什麼我們總愛把目光放在過去呢？

尤其在感到痛苦的時候，特別容易聚焦在我們已親身經歷的過去。以工作為例，有些事即使自己沒有直接體驗過，公司或組織也會有過去的檔案可供參考。無論是公司還是個人，都喜歡收集以往的資料來決定未來的行動。於是，經驗化為束縛，看似寶貴的財產其實是燙手山芋。

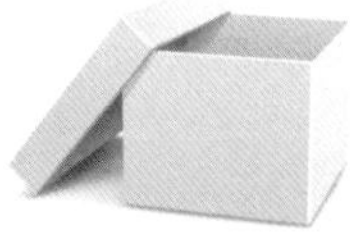

以前我因為那麼做而失敗，這麼做所以成功了，這些經驗的確是有意義的參考。但所有的成敗，都是在當時的環境條件下獲得的經驗，皆已是過去式。在不同的環境條件下，結果也會瞬息萬變。以資訊系統及軟體開發為例，就是處於演算法[4]不斷變化的狀態。檔案只不過是數字的排列組合，我們卻只顧著看數字，忘記這個數字來自哪一種演算法（環境條件）。

從業績的觀點來說，如果營業額與獲利項目的成長曲線，按照過去資料的預測，持續穩定成長，倒是沒什麼問題；如果結果不符合預測而出現虧損時，問題就來了。一心關注的以往資料，其中肯定有什麼不好的原因。

不過大家只要稍微想一下就能明白，這其實是很正常的道理。沒有一家公司的業績會永續成長，早晚都要面臨捨棄某一段過去的時期。只要認清「過去不可靠」，即可在適當的時機修正方針。

我們經常將產業分為成長產業與衰退產業。與其說業界衰退，倒不如說在其業界工作的人太執著於過去，不肯放下手中的阻礙。其實，只要把該保護與該放手的事物分清楚，即可造成某種程度的刺激，使產業活絡起來。

舉一家和菓子店鋪為例。這家店守著代代相傳的暖簾（日式門簾），招牌也不曾改變，然而，除了年長的客群之外，也吸引了不少年輕客群。其中的祕密或許就是多樣化選擇。這家店鋪看似堅守傳統，其實口味早就不是創業時的原貌了。除紅豆餡餅之外，還有巧克力、果醬等豐富的口味，甚至在餅皮裡添加酒釀，主打酒釀的整腸作用及美肌效果。

這家和菓子店鋪該保護的是暖簾，該放手的是對於過去熱門口味的執著。隨著時代變遷，人的口味也會跟著改變，意識也會進化。若想讓店鋪存活，必須明確找出該保護與該放手的事物。

即使過去值得學習，執著通常沒有好處。關鍵在於，把過去的經驗當成整體考量因素的參考項目，再用俯瞰的角度思考。

4 資訊處理的關鍵基本原則。

離／磁場不合別勉強，因為「緣分」是前世持續至今的關係

我認為人際關係的關鍵，在於憑著波長去衡量兩人之間的距離。基於過去的種種經驗，我只會跟波長合得來的人來往，不會跟合不來的人交流，這是一個很簡單的原則。在人際關係上，我只有這一個標準。為了金錢、權勢、名氣等其他目的接近別人，通常沒什麼好下場。

「物以類聚」這句成語，正好可以體現波長所造成的影響。興趣相投的人湊在一起，表示能量（性向）相同的人聚在一起。所以，「波長合得來」真是一句很貼切的話。許多人即使不明白能量同步的道理，也會使用這句話。

波長的交流，是「彼此接觸肉眼看不見的身體某處」所形成的溝通。這不是肉體層級的交流，而是靈魂層級的交流。靈魂是我們的本質，肉體是由本質操縱的道具，緣分則是前世持續至今的關係。兩個人以前明明沒見過面，波長卻合得來，這就是兩個人曾經在前世交流過的證據。

有個人明明是大家口中的好人，可是你總覺得自己跟他不對盤，表示在靈魂層級的能量交流中，對方與自己的能量不同步，才會產生不對勁的感覺。如果覺得跟對方不對盤，也許是彼此的前世有些過節。

這時，無論出於什麼原因或背景，最好不要勉強自己與對方交往。即使腦海中一直有個聲音告訴自己：「跟他來往可能會有什麼好處」，都請你忽視這個聲音。心靈每天都會產生變化。在這個世上，再也沒有比心更難捉摸的東西了。

仔細想想，這個世界上沒有任何一段關係，需要你勉強自己去配合對方。除非你受到情感所困，硬逼自己跟對方來往。

每個人逼自己的原因都不一樣，事實上，硬逼自己的人都帶著某種程度的自卑。因此，我們更應該狠下心來，主動斬斷這樣的關係，這才是高明的做法。硬逼自己跟對方往來，對彼此都沒有好處，也學不到任何東西。

自己待在哪裡最幸福？那裡待起來舒服嗎？有沒有勉強自己？請豎耳傾聽自己內心深處的聲音，即可展現最真摯的心意。不愜意的親友關係，斬斷就行了。斬斷一段情緣，一定會再生新的情緣，不需要擔心。

日本人在人際關係方面，本來就是一個小心謹慎的民族，因為多數人都很擅長「看場合」。有人認為這是因為日本人很愛擔憂的緣故，不過提出這種主張的人，應該不明白波長這類能量吧。看場合的能力，其實就是察知波長的能力，可以感受到該場合、自己與對方的能量，以及彼此之間的能量平衡關係。

包含波長在內的能量起源稱為波動，又稱作心靈感應，科學定義則是「傳播空間的波」。與波相關的項目，還有頻率、周波數、周期、振幅等。頻率又稱為周波數，周波數越高，表示能量越大，形體越自由。

在靈學世界裡，認為「提高波動程度，身體就會越來越透明」，或是「提高肉體的頻率，即可飄浮」。姑且不論提高頻率的具體方法，從各方面檢證這些資訊，不正是科學應該負責的範疇嗎？

為什麼日本人這麼擅長看場合，原因眾說紛紜，分享一個我覺得最有趣的說法：各種民族花了長達一萬多年的時間，來到日本列島，使日本成為民族熔爐。熔爐是一種耐熱容器，可以放進各種素材，全部融合在一起。各種民族的DNA，在日本列島這個地方融合，導致這裡的人擅長判讀彼此的波長。

日語就是最好的證據。相對於英文或中文等主詞與受詞環環相扣的語言，日語必須聽到最後、看到最後，才能得知這是誰說的、到底是贊成還是反對。這是由於日本人的民族特性，溝通的時候隨時都在看場合、感受波長。雖然國際社會有一股批評的聲浪，表示他們搞不清楚日本人的想法，但就是因為這樣的語言構造，讓日本免於捲入各種無謂的紛爭與激烈的衝突，這也是日語的美妙之處。如果日語的構造跟英文、中文相同，應該會失去明顯的特徵。

你的波長真的跟對方合得來嗎？請捫心自問，相信你馬上就能得到答案。

斷／過度自我期待只會徒增煩惱，自己的分數自己打！

許多人為了工作或人際關係煩惱，有些人則是煩惱家庭關係。

親子、兄弟姊妹、夫妻這些關係呈橫向發展，越來越複雜。正所謂「近親相斥」，相處時間越久，越容易產生扭曲的情感，每個家庭多多少少都有自己的問題。

所以，請不要對家人抱持過度的期待，保持若即若離的關係，通常都能大事化小、小事化無。雖然事後回想起來，都是為一些芝麻小事而爭吵，但我們依然能從這些過程中學到東西。

遵守結婚制度，跟別人締結關係之後，你會遇到越來越多自己無法掌控的事情。畢竟兩個人的成長環境與生活習慣完全不同，在一起自然會出現尷尬場面，或是產生許多衝突。其實這是在不合理的情況中，學習相互往來的方式，所以不用裝模作樣，做自己就行了。即使兩個人真的無法相處，選擇離婚也是一種學習。

有些父母說：「我想當孩子的好榜樣。」執著於這件事，只會讓你覺得自己應該要當個更偉大的人，形成一股壓力。這股壓力將會施加在夫妻或親子關係中，造成感情方面的觸礁，甚至讓人淪為被他人評價左右的奴隸。

母女之間的扭曲感情、父子之間的複雜情結等，親子是滋事生非的集合體。最聰明的做法，是在相處時把這些事情劃分清楚。我們不是聖人君子，就算一直失敗也沒關係。

我們誕生到這個世界上，是為了學習各種事物。如果靈魂一開始就毫無缺點，具備美好的感性，就不需要投胎轉世了。在爭吵、失敗與情感交錯中學習，也是一種修行。

其中，我認為最重要的是，不隨著別人的評價起舞。

因為有血緣關係，於是很容易擅自寄予厚望，例如：為人父母應該這樣、為人子女應該那樣。因為關係親密，才會造成這樣的錯覺。然而，血緣關係只是肉體層級的關係，與靈魂完全無關。彼此之間的緣分源於前世，即使立場不同，大家應該曾經在一起生活過。或許轉世的目的之一，就是在「彼此總對另一方擅自抱有期望」這不斷重複的關係當中，直到有天終於能意識到「彼此只要做自己就好」，才算是完成了這項課題。

若不能理解靈魂的機制，便無法了解真正的親子或兄弟姊妹關係。有些孩子嘲笑父母愚昧；有些父母對子女發脾氣，痛斥他們為何不肯走上父母心目中的道路；有些父母從優秀的大學畢業，感嘆子女資質駑鈍。這些全都是肉體層級的問題，與靈魂無關。也許就是因為出現這種情況，才會讓他們降生到人世間，來面對與學習這些課題。

若無法理解這個機制，就只能一直活在陰影當中。雖然肉體是轉世時不可或缺的要素，不過一旦執著於肉體，就看不見靈魂的重要性。

家庭是學習工作分配的基本場所。因為某些緣分，我們轉生到人世間時，剛好在這一世是親子、兄弟姊妹或是夫妻，不過自己所處之地並不是絕對不變。你現在待的地方，只是讓你在離世之前學習各種課題的地點。因此，不管你待在哪裡，都沒有什麼絕對不變的規則，只要用感情去體驗即可。我們只是擅自認為「應該怎樣才對」，但其實家庭是一個很鬆散的組織。

離／成功由別人定義，但失敗一定有它的意義

「失敗為成功之母、成功之始。」這是大家耳熟能詳的話語。沒有失敗就不會成功，凡事都有兩面。有些道理不經一次失敗不會明白，所以有時失敗反而會帶來更大的成功。以結果來說，失敗其實是一項果敢的試練。

當你失敗時，的確會嚐到苦澀的滋味，有時也會認為自己無能。不過，失敗的背後一定有它的意義。人生在世，所有的事件都是一種學習。感受失敗的滋味，意義相當重大。為什麼會失敗？為什麼不順利？我們必須追究原因，而不是抱怨或沮喪。有空為自己的失敗後悔，不如站在第三者的角度分析狀況，思考怎

麼做才能成功，考慮改善或試行方案。

行走在這個社會中，總會有許多不如意的事。回顧我自己的人生，倒也稱不上圓滿與一帆風順。我做過一些適合我的事，也做過一些不適合我的事。關於急診與加護病房的事務，因為我從建構機制開始，一直做到目前的負責人位子，所以還算順利。不過有時我也會想，如果我一直從事研究工作，不知道現在會在哪裡？

因為醫療現場不容許失敗，所以我們打造各種機制來避免失敗。從架構機制到實際運作的這段期間，其實經歷了許多次失敗。我們從中學習，並以這些經驗為基礎，建立一套防故障機制。

在醫療的世界裡，我們用「三個臭皮匠，勝過一個諸葛亮」的互助方法，不斷嘗試。諸葛亮是三國時代的軍師，之所以說三個臭皮匠的智慧，勝過一個諸葛亮，是因為與其一、兩個人埋頭苦思，三個人能想出更多好主意。若超過三個人，就能有更寬廣的見解，激發更多的智慧。

除了意見比較多元之外，也有「彼此幫助」的涵義，因為一個人能做的事情十分有限。雖然獨自經營診所的醫師比較自由，但是他能進行的醫療行為相當有限。大學附設醫院的醫師比較不自由，可是他們能進行的醫療行為相當廣泛，因為他們有人力資源。我的意思並不是大學附設醫院比較好，而是大型組織才能建構最新的機制，為全民醫療做好萬全的準備。

然而，這些都是預防程序失敗的措施。假設引發全身型過敏性反應（第一型過敏反應的一種），坦白說，不能把責任怪罪到任何一個人身上。所有人都應該了解，在醫療現場有可能會發生這種情況。我認為日本在醫療啟蒙教育方面，還不夠完善。

這個道理不只能用於組織，也可以用在個人。應該將失敗經驗反饋到自己身上，不執著於方法，要具備新的觀點。請別忘了，失敗一定有它的意義。

離／脫離比賽後的負面情緒，因為考試只是為了磨練自己

在失敗與成功之後，還有勝敗的意識問題。年輕人特別介意這個問題。前面提到，勝敗是由靈魂疏離感形成的典型情感。一方面想要分出高下，另一方面，一旦發現自己不佔上風，就會產生原本應該避免的負面情緒，最具代表性的是嫉妒與猜忌。

當你認為自己處於「流動的立場」時，會不斷意識到勝敗的問題。只要處於不安定的狀況，感情起伏就會變得劇烈。

從入學考試、就職考試、職務調動、升職考試、轉職、職位之爭，到任職公

司、頭銜、年薪、居住地點等，從中形成的優越感讓人隨時想要一較高下。已婚還是未婚？有沒有小孩？連這些問題都包含勝敗的要素，這是二元論造成的弊病。

在這些問題裡，都能看到「對等感」的影子。

所謂的對等感，就是跟別人比較時產生的感情。只要把觀點轉為「跟自己的目標比起來如何」，即可減少產生強烈嫉妒或其他負面情緒的機會。話說回來，抱持這樣的情感，根本沒有意義。

極端而論，只要考滿分，不管跟誰比，你都是第一名。其實，不必一開始就把目標訂那麼高，假設以下次考八十五分為目標，達成之後，即可產生屬於自己的滿足感；若無法達成，繼續朝目標努力就行了。

就職考試也是一樣的道理，我能理解對等感帶來的情緒：我沒考上，可是那傢伙考上了，所以我不甘心、覺得難過。不過面試就跟相親一樣，並不是你低人一等，只不過是你的個性不符合該企業的需求，不需要用這場考試一較高下。

乍看之下，運動的世界似乎是勝敗二元論的典型例子，然而選手通常是在競技場上與自己戰鬥，早已超越現實當中的勝敗之爭。他們不斷地設定目標，訓練自己超越阻礙，因此都很孤獨。唯有抹去這份寂寞，才能破記錄或是擠進更前面的名次，實現自己的目標。

離／輸贏沒那麼重要，樂在其中才能收穫滿滿

處於當前的社會體系中，想要立刻消除對等感絕非易事。當對等感已經成為理所當然時，我們就無法脫離「還想要更多」的飢餓感。

然而，當我們從事喜歡的事情，熱衷到連周圍都看不見的時候，對等感將會消失，這就是脫離勝敗意識的一小步。只要持續昇華這種狀態，自我意識將會越來越薄弱，接著萌生為了別人或全世界的意識，即可進入令人滿足、感到難以言喻的至上幸福境界。此時，你已經脫離執著勝敗的層次了。

我們可以利用訓練，加強自己的目標意識，才能了解這些基本事實的重要

性：「別忽視靈魂才是我們的本質」、「疏離感是多餘的」、「一切都是學習」。想要告別勝敗的舞台、解放壓力，這是一條必經之路。

孩子的教育也是一樣。不要表露對等感，逼孩子走向永無止境的競爭，應該教他們實現和達成夢想與目標的重要性。每個人與生俱來的能力都不一樣，因此發掘、培育並發展一個人的能力，才是真正的教育。

重點不是改正缺點，而是發揮優點，即可感到生命的意義與成就感。請記住，只要你緊抓著對等感不放，抱著對等感過活，你獲得的滿足也就很有限。

正念／任何信仰的源頭皆是善，因為靈魂的起源皆相同

我沒有信奉特定的宗教，但認同神道。

我經常走訪各大神社，認為神道無法歸類於任何宗教領域。神道奉祀八百萬諸神明，既沒有開宗祖師，也沒有教典，更沒有佛教和基督教常見的教條。神社也不排斥異教徒，不需要改信宗教也能自由參拜，所以我覺得神道比較符合我的個性。

猶太教、基督教、回教都屬於一神教。佛教在日本有各種流派，並不屬於一神教。不管是佛教、基督教還是回教，同一宗教或流派的人也會反目成仇，不過

在神道不會看到這種情形。正如「神集閉爾集賜比，神議里爾議賜比氏」[5]這句話，神道很重視「和諧圓滿」。

為什麼猶太教、基督教、回教這些宗教不能和睦相處呢？我認為原因出於耶和華（Yahwen）[6]的「啟示」。為了讓教徒更容易理解，耶和華啟示的表現方法，會隨著時代、地域與教徒而異，因此出現分歧。

長期以來，西方認為「精神與物質是完全不同的存在」。不過隨著量子論、量子力學所提倡的一元論世界觀登場，這個想法不再屹立不搖。

一元論世界觀認為，一切的存在都具備生命與精神。另一方面，東方早就有萬物一體的世界觀，印度教、佛教和道教都是如此，這是神性（靈性）與物質一體的思想。

---

5 出自「大祓詞」，是神道祭祀用的祝禱詞，本句的意思為「神明齊聚一堂，幾度商量的結果」。

6 又稱為雅威，猶太教尊崇的最高神明。

弗里喬夫・卡普拉（Fritjof Capra）[7]、尼爾斯・波爾（Niels Bohr）[8]、維爾納・海森堡（Werner Heisenberg）[9]等西方學者，發現東西思想的相似點與一致之處，因此推動一元論世界觀。在世界的潮流下，鄂文・拉胥羅（Ervin Laszlo）[10]也基於自己的量子真空能量場論，主張「一切存在均環環相扣」。

我認為萬教同宗，也就是說，這個世界上的所有宗教與教派，都來自相同的起源。宗教就像爬山，雖然山頂只有一個，但路徑不只一條，很多條路都能通往山頂，抵達的方法不只一種。宗教只是披著不同的外衣，用不同方式表現啟示的真理，但其實本質都一樣。

宗教與教派之爭，跟之前提到的對等感有強烈的關係。人們總是拚了命想要證明：我是對的，別人都是錯的。拿自己信奉的神明跟別的神明比較，真是一種傲慢、無禮的行為。這麼做只會加強個體意識，增加疏離感，而疏離感並不是人類的本質，我們應該依循發自內心的群體意識才對。

到了二十一世紀，我認為宗教並非必要，我們應該直接認識神明（創造主、攝理[11]）。在這個時代，不應該由教祖或開宗祖師等特定的人物，對普羅大眾傳教，人們親自接觸啟示的時代即將來臨。

7 美國物基本粒子物理學家，著有《The Tao of Physics》。
8 丹麥量子力學家，一九二二年榮獲諾貝爾物理學獎。
9 德國量子力學家，一九三二年榮獲諾貝爾物理學獎。
10 匈牙利科學哲學家，世界智慧委員會「布達佩斯俱樂部」的創始人兼主席。
11 神的統攝管理、安排指導。

斷／別人的肯定易成枷鎖，自我的成就感無限快樂

在公司或是某個團體任職時，通常對現在與未來抱持強烈的執著，跟執著於過去的程度不相上下，最典型的例子就屬升遷及地位的職銜之爭。也許有人進入公司之後，從來沒想過這種事，即使當同期同事或後進的下屬也無所謂，不過大部分的人對於自己的職位都很敏感。

在疏離感與對等感消失後，也許你不太介意自己的職位。不過，長時間深植人心的對等感，可沒那麼容易抹滅，所以才棘手。「生命的意義及成就感來自哪裡呢？」人們會受到這股意識的影響。

如果發自內心得到工作上的成就感，真心覺得自己幸福，大概會覺得職銜之爭不如工作重要吧。然而，如果覺得工作沒什麼成就感，認為自己很努力，值得更好的職位，也許是「渴望獲得肯定」的欲望比較強烈。

但是，我認為工作本來就是對整個社會的貢獻，獲得別人的認同或肯定並不是第一要素。雖然得到認同是一件喜事，不過這只是結果論。全力投入工作或是你該做的事情，這樣的態度才能為靈魂增添光彩。

行筆至此，也許有人覺得我因為是大學教授，才能說這種風涼話。不過，我並非為了獲得現在的職銜，才犧牲休息與睡眠的時間，三百六十五天、二十四小時不停地工作。只是覺得這份工作能帶給我成就感，所以一直投入於工作。

小學三年級的時候，我曾經被車子撞飛，失去意識後送醫，當時的主治醫生說我可能活不過小學畢業。大學五年級（醫學部是六年制）的時候，我曾經在登山時兩度歷經嚴重的墜崖、墜谷事件。第一次墜谷的坡面距離幾乎是三座東京鐵塔的高度，失去性命也不足為奇。

後來，我投入醫生工作後，父母相繼離世。父親身亡後，母親搬到相模原市內的一間小套房，在那裡孤獨地死去。在二十四小時不停運作的東大醫院急診部門工作，我每天都覺得愧對母親。

然而，在任何情況下，我都感受到工作的職責。回顧我意外不斷的人生，我深信因為有這份能讓自己拚命投入的工作，我才能積極往前邁進，認同自己的人生。

正念／迷惘、挫折時，順其自然也無妨

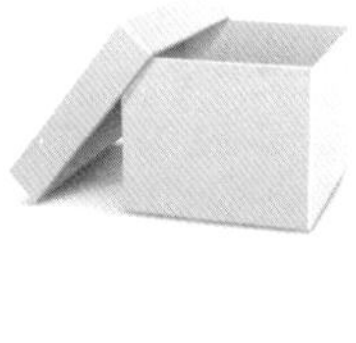

人生就是連續不斷的挫折。我們總是在充滿挫折的狀況下，嘗試面對、前進與轉變想法。

從出生到死亡，我們都必須不斷地學習。搶成功、爭地位，只不過是人生中多到數不清的現象之一。跟我們是分魂的事實相比，這根本沒什麼大不了。

最近，情況開始出現變化，「不求成功」的人變多了。看到高層辛苦的樣子，所以不想成為管理階級，也是一種不想成功的執著。要負責任（背負重擔）、具備判斷能力，還要照顧下屬、夾在上級和下屬之間等，日本人對於管理階層多半沒什麼好印象。

就連在大學組織裡，都有人說不想成功，每個人的理由都不太一樣，像是只想從事喜歡的研究，或是不想捲入政治鬥爭等。有些人覺得自己成為高層後，任務也會跟著改變，甚至辭去教職。拿責任一詞強迫別人太蠻橫，所以我不會說這種話。但是，不妨嘗試自己感興趣的東西，說不定會成為另類的選項。

禪宗說：「隨流去。」意思是順著潮流走。這樣的生活方式沒什麼不好，執著於成功或地位的人，也很適合這句話。感到迷惘、煩惱的話，請不要逆流而上，順著潮流走吧。不過，這並不表示得毫不抗拒地全盤接受。

回顧過去，我一直抱著這樣的想法，所以才能爬到現在的位置。隨時都把順其自然的態度擺第一，你的執著心將會越來越淡薄。

離／念書只是素材，智慧才能實現「無限可能」

包含醫學家在內的科學家，都需要一套有系統的知識。基於求知的欲望，探究心自然會開啟下一道門扉。然而，光靠知識無法讓科學成立，在一般社會也是這樣。我們還需要智慧。

知識是素材，智慧則是活用素材的機制。

了解這點之後，我們就能明白為什麼人們常說不能偏重知識。話雖然這麼說，智慧也不會一下子就蹦出來，唯有彙集、累積各種經驗與知識，才能形成智慧。知識與智慧是一體兩面，缺一不可。

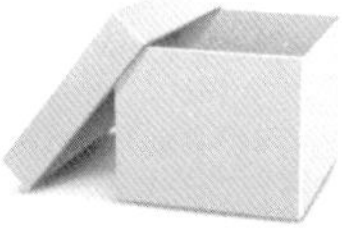

然而，知識會妨礙意識。因為現有知識的阻擾，大腦會強制要求你按照現有的資料來思考，而無法投入新的考察，推測就是在這個階段形成。

不執著於現有的知識，並學會思考如何運用與掌握知識，才能將其化為智慧。許多知識已經在你不知道的世界裡產生變化，我們看似了解，其實並不明白那些早已改變的事物。

長期以來，「中心法則」（Central dogma）曾經是醫學界的主流概念。中心法則是弗朗西思．克里克（Francis Crick）[12]於一九五八年提倡的概念，簡單來說，是指我們的基因在傳遞訊息時，只能經由「ＤＮＡ（去氧核醣核酸）→ＲＮＡ（核醣核酸）→蛋白質」的單向流程。直到一九七〇年，人們發現反轉錄酶，也就是基因傳遞訊息時，可以由ＲＮＡ到ＤＮＡ。因此，這條法則必須加以修正。因為我們已經得知基因組是「可編輯的設計圖」，或許未來還要重新修正法則概要。

這個發現顛覆了以前認為理所當然的想法，像是「我的ＤＮＡ就是這樣」、

「這是父親的遺傳」、「這是母親的遺傳」。也就是說，現在人們已經知道基因會隨著多樣化的環境因素，不斷發生變化。

不只是科學界，當我們擁有越多知識，就必須更加小心地運用這些知識。同時，發現知識有誤或是有問題的時候，應該立刻拋棄這些知識。不正確的知識累積越多，只會形成無法恢復的穩固地基，最終思考都會偏向奇怪的方向。

此外，「有點古老」也是一種重要的感覺。雖然有些古老的知識不會受到時代的潮流左右，擁有不變的價值，但我們還是應該進行知識總整理。由於價值觀會隨著科技與社會進化，我們不需要將知識視若珍寶，記得凡事都要保持懷疑的態度。

12 英國分子生物學家，與詹姆斯．華生（James Dewey Watson）共同發現DNA的雙螺旋結構，兩人一同獲得一九六二年諾貝爾生理及醫學獎。

離／遠離八卦、輿論，傾聽自己的內在才是王道

語言有言靈，所以我們說話時應該小心謹慎。如果成為語言的奴隸，將會立刻失去自己的歸宿。

很多人執著於某些偉人的言論，背誦太多名言，結果完全不敢行動。這聽起來很可笑，但正是受到固有觀念、執著等不可動搖的情感囚禁的證據。

有一句話叫做「三十六計，走為上策」，也有一句話叫做「千萬別逃避」。有人說要「專心一致」，也有人說要「分散風險」。若真要舉例，實在是沒完沒了。這些話語本來是說話者在不同的ＴＰＯ（時間、場合、情況）下說出的，爭

論何者為真、何者為假，根本沒有任何意義。對於當事人在當時狀況下的發言，由於你的人生不可能跟他完全一樣，因此千萬別把別人說的話套用在自己身上。

當你不想逃避、想要正面迎戰時，照著做就行了。如果你覺得逃避比較好，那就逃吧，只要相信當下的直覺即可。工作方面，你覺得專心一致比較好，就專注於一件事情上，你覺得大家分頭收集資訊比較好，就分頭收集。請你重視當場、當下的感受，那就是你內心的聲音。

「不要隨著別人的話起舞。」在任何狀況下，這句話都不會出錯。我們無法用簡單一句話，表達所有的真理。每一句話的表現手法都有限，在情感表現方面，也無法脫離固有的框架。

無論是耶穌基督還是佛陀，不少偉人都沒有留下文字，這些偉人的經典都是弟子寫下的文字。因此，其中一定有誇大解釋的部分，也有部分情節遭到後世的人刪除。孔子的《論語》（儒家四書之一）也是以「子曰」開頭。現在流傳的版本全都是聽來的訊息，所以我們可以更靈活地解釋這些話。

有些人會把本來用在企業的組織策略，例如孫子兵法及論語帶進家庭。如果家人擁有同樣的觀念，也就是有著同樣的歷史背景與文化意識，倒是沒什麼問題。如果大家的觀念不一樣，這麼做可行不通。即使閱讀同一篇文章，感受相同的世界觀，若用不同的想法來解釋上下文（文脈），就會形成不同的觀念。

語言就是要放進文章裡，才有它存在的意義。同一個單字，用在不同的文章裡，意思就會不同。這一點跟金錢一樣，會隨著持有人、使用者的能量改變，這就是語言的真面目，所以不需要過度執著。

捨／對金錢的態度如同開車，超速與龜速都會引起失誤

我認為金錢是一種能量體。錢本身是無機物，不過人們的各種思念與資訊都會留在錢身上。所以，不需要煩惱「喜歡還是討厭」這種二元論的問題，跟錢好好相處就行了。

清貧聽起來很美好，不過到了這個年代，還是把錢放進社會裡運轉比較好。若用醫療相關詞語來比喻，錢的多寡相當於血量，中央銀行是心臟，各種金融機構等於血管，國民或企業則是身體的各大組織。血流順暢當然比較健康，如果血液沒有流動，組織就會壞死。

重點是儲蓄不過度，該花就花。

人們常說：「只顧著存錢，反而沒有收入，適度花用才會獲得適度的收入。」這句話說得一點也不錯。至於花用方面，有些要花在自己身上，有些要花在別人身上，兩者之間應保持平衡。

在日本，根據二〇一三年的調查資料顯示，除了銀行存款之外，還有高達九十兆日圓的「衣櫃存款」[13]，政府應該為這筆無法流通的錢負起最大責任。因為大家對於老年，也就是對未來非常不安。雖然政府和金融界一直想動用這筆錢，結果總是徒勞無功，反而加深民眾的不信任感。

消除某種程度的不安之後，大家就會把衣櫃存款拿出來吧。再怎麼說，把錢存起來之後，錢也不會增加。大家都明白這個道理，只是需要花錢的理由。

花錢時的感覺也很重要，而花錢的原則是知足。如果不懂得知足，貪念會逐漸膨脹，最後一定會為錢所苦。

這跟開車的道理一樣。如果迷上速度感，最後將會失速，導致車禍。我們需要適度的感覺，過度會立刻引起失誤。有些醫生就是這樣，為了財富與地位而瘋狂，這是數字共通的魔力。

在這個物質流通的世界，與金錢好好相處是一項重要的學習。我們需要一定程度的金錢，但是不需要貪求金錢，也不用討厭金錢。

金錢是用來實現某些事物的道具，同時也是讓社會運轉的能量。金錢本身沒有意志，不過在全世界流通時，它的能量有好有壞。金錢就是這樣的存在，大家只要了解這點就行了。

13 存放在衣櫃裡的現金。

捨／讓錢取之於社會，用之於社會

數字會奪去我們的客觀判斷力。只顧著追逐數字，將會不斷比較各種數字，無法做出正確的判斷。

在ＳＮＳ（社群網路）的人脈戰也能看到這樣的傾向。向從來沒見過面的人發出好友邀請或新增好友，其中也許暗藏著你所不知道的陷阱。縱使有幾千個好友，但這樣的數字並不代表真正的人脈。

不過，一旦你肩負起自己無法掌控的事物，對數字與金錢的執著反而會消失得無影無蹤，因為你已經不知道該為了什麼而執著。工作與人際關係經常出現這種難捱的狀況，但這也是一種寶貴的學習。

捐錢是件好事，更重要的是要為捐錢對象建立賺錢機制。想獲得金錢，一定要經過一番努力，這是一種教育，讓人們了解付出勞力才能得到金錢。別以拿錢給貧苦人家為樂，要建立一套機制，讓他們參與社會，獲得報酬。

「飢饉普請」[14]就是具體化的流程。飢荒的時候，拿出金庫裡的財產，請農人翻修，這是近江商人[15]教我們的事。雖然提供食物與金錢也不錯，不過他們更重視工作，也就是修築（普請）工程。

一件大工程會聚集各大行業的人，從而衍生出許多工作機會。平常多虧身邊這些人，我們才能衣食無虞，有機會一定要報恩，這就是近江商人的教誨。

金錢應該到世界各地遊歷，行遍天下。別存錢、別眷戀，為了全天下的人，該花的時候就花吧。

14 飢荒時，讓農民投入公共工程、賺取工資，協助他們維生。
15 日本於鎌倉至昭和時代，以此稱呼來自滋賀的商人。

離／專注投入一件事，能讓心中萌芽的邪念消失

投入工作或是某件事的時候，能為靈魂增添光彩。拚命做某件事的時候，你心裡的邪念將不復存在，你再也不會介意別人對自己的評價，甚至不介意別人的眼光。

久而久之，你將自然而然地展現利他的情感，最後進化到無私的境界。從以前凡事只顧自己的人，成為對全世界有貢獻的人。

無私是我們人生的最高境界。想要達到這個境界很困難，但達到後，你不再渴求自己應該如何，對人生也不再執著。

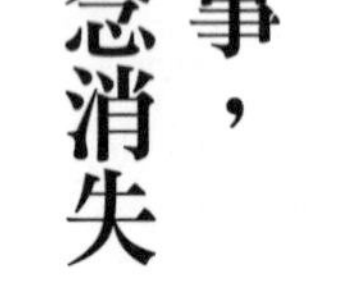

往昔的神道思想裡，有個「中今」[16]的概念，表示「現在最重要」。對我們來說，最重要的既不是過去，也不是未來，而是現在。如果現在是美好的時光，我們應該重新定義討人厭的過去，也不再害怕不明朗的未來。

「中今」是終極的無私世界。

在工作上，我們隨時都要考慮利弊的問題，大多是為了特定人士或公司的利益，其中不包括貢獻整個社會的想法。如果你考慮的是整體利益，自然會與利弊無關。

我們該如何透過自己的工作，對社會有所貢獻呢？當排定工作、重新建構事業時，請把自己與公司的利弊當成自然的結果，再展開行動。對於特定人士或組織有利的事，不一定對社會有益。

在這個世上，「永續性」（sustainability）活動正在蓬勃發展。人們不再沉

16 神道的歷史觀認為，時間是永恆，現在則是中心點。

迷於消費，而是拿捏得當、謹慎生活，充分發揮利他精神。總有一天，這個概念一定會成為主流。

順帶一提，去做個運動或是來趟旅行，都能使肉體機能活性化，帶來清新的想法。清新的想法可以轉換心情，促使大家重新檢視自己的觀念與行為。

重新檢視自己的生活方式、不要生活得過於執著等，這些聽起來也許有點誇張，但只要在日常生活中加入少許變化，即可度過豐富的時光。

重點整理

- ☑ 在生活中，應該保持理性與直覺的均衡。
- ☑ 判斷幸福與否的標準，是「自己的心」。
- ☑ 世界上沒有任何一段關係，需要你勉強自己去配合對方。
- ☑ 失敗是一項果敢的試練，背後一定有它的意義。
- ☑ 不要跟別人比，要跟自己的目標比。
- ☑ 不是改正缺點，而是發揮優點，即可感到生命的意義與成就感。
- ☑ 全力投入你該做的事情，才能為靈魂增添光彩。
- ☑ 感到迷惘、煩惱時，順其自然也無妨。
- ☑ 知識是素材，智慧則是活用的機制。
- ☑ 不要隨著別人的話起舞，重視自己內心的聲音。

第三課

工作篇：偏執與抱怨，讓我們陷入思考的謬誤？

斷／開會時，所有人皆贊同或反對，都得再次檢討

這話出自我口中也許有點不妥。不過，不僅是書本，別人說的話、聽來的消息全都要打對折，才是正確的態度。如此一來，即可用零壓力的輕鬆態度接收這些訊息。

人們容易受到某些名流或名人的發言左右，這時大家應該心存質疑，反問：「真的嗎？」雖然聽到的話要打對折，不過要盡量多吸收一些資訊。接觸訊息時，請用均等的理性與直覺來判斷。這是一個很重要的步驟，千萬不能省略。

無論男女老幼，偏執的人都比較容易被擅長說話的人誘騙、輕易上當，甚至

散盡家財。不管聽到的資訊多麼誘人，一定要先踩煞車，這種警覺心會成為你的助力。現在，網路非常發達，每個人都能隨時隨地發送自己喜歡的訊息。因為到處都充斥著幾乎無法辨別真偽的資訊，所以人們容易盲目地相信那些訊息。

檢視資訊時，請特別注意輿論的傾向是否偏頗。除了找出這個主題有哪些偏頗的部分，更重要的是，當許多人都在講同一件事、流傳相同的資訊時，心裡最好警覺：「這是個危險的狀況。」

猶太人有一句格言：「開會的時候，全體贊成與全體反對的議題，都得再次檢討。」猶太人是在亂世流浪的民族，這句話反映出他們腳踏實地的個性。想要避免有心人士操弄，一定要心存懷疑。

不管是多麼小的事，如果有十個人，一定會出現一種以上的意見，這才是健康的社會輿論。若沒有不同的聲音，則是一種不健康的狀態。有人是〇，自然有人是×。大家來討論為什麼是〇或×，才是真正的溝通。如果所有人的意見都一樣，表示其中可能有某種資訊，造成強烈的偏見（偏頗）。想要找出依附在我們身上的偏見，第一步就是檢視背後的環境。

媒體對社會輿論有強大的影響力。媒體通常喜歡引用數據，單方面地評斷是非。二次大戰後的日本，正是受到二元論毒害的結果。我們不可能將一切的事物與現象完全單純化。

我們常說：「說話大聲的人比較有說服力。」這種人會把事物及現象單純化，利用淺顯易懂的說法，向大眾宣傳自己的優點。由於社會大眾覺得思考困難的課題很麻煩，便將他說的話當真，但他的發言往往基於錯誤的認知。說話大聲的人不想傳達正確的事物和現象，反而是基於某種企圖，想藉此增加曝光率，這才是最棘手的部分。

不想被心存邪念的人牽著鼻子走，最好的做法是凡事半信半疑。這時請先放下個人好惡，盡量接收更多的資訊。選項越多，對你越有利。

離／離群修行不是拯救自己，而是領悟活著的意義

有些人為了摒除雜念與邪念，積極參加修行或是類似活動。最近掀起一股坐禪的風潮，參加的年齡層相當廣泛。

我想對這些人說：「不需要勉強自己。」

「瑜伽」這個字本身就有「修行」的意思。有種瑜伽叫做「行動瑜伽」（Karma Yoga），意即平常小心謹慎地思考與行動，過著冷靜慎重的生活，就是一種瑜伽、一種修行。

許多人對修行（或修業）有所偏見，認為修行一定會為身心靈帶來痛苦。然

而，我們來到人世間，每天活在這個世界上，本身就是一種修行。活著並不會只有快樂的事，還有更多痛苦、討厭、可恨的事。很多人一直在抱怨，為什麼自己會遇上這種事？但是，我們必須超越這些考驗，這才是真正的修行。

這就是行動瑜伽。真正的修行並不是拯救自己，而是領悟自己活在這個世界上的意義。不管你喜不喜歡，只要你活在這個世上，都得跟別人有所牽連。也就是說，修行真正的意義是「人存己存，人亡己亡」，親身體驗自利利他的理念。

儘管媒體爭相報導各種熱潮，但我們不需要心慌意亂地趕流行，覺得自己「也該做點什麼才行」。每個人都是獨一無二的個體，總有一天，你會領悟到對自己最重要的事是什麼。那也許是在與重要的人分離、遭遇失敗反而開拓通往成功的道路之際，或是面臨轉職、創業等重要關卡的時候，無論如何，你一定可以找到答案。找到答案之後，你的觀念與行為也會跟著改變。

離／不用出家，只要學會定期將思考歸零

如果你羨慕出家人，請聽我一言。「拋棄俗世」這句話包含許多意義，不過比起遠離塵世的修行，我認為在人群裡、在理所當然的日常生活中拚命工作的人，能得到更多修行的成果。

最近流行的禪學熱，跟歸零思考及放空心靈的思維模式有關。

人必須定期將思考歸零。人的心總是陰晴不定、不斷改變。在精神層次的成長方面，我們的思考與感情也會產生變化。因此，我們更需要簡單的反省與回顧。

人類全身的細胞在細胞凋亡[17]的作用下，每天都會汰舊換新。同樣地，將感情歸零，也能讓人神清氣爽。我認為坐禪、內觀（瞑想）是一個好方法，但也不需要因此尊崇高僧、宗教或教派，認為他們特別偉大。

我想，每天通勤去公司上班、忙著處理家事或照顧小孩，這些才是無可取代的修行。跟別人見面、與人對峙、為了人際關係煩惱，也許會讓人心生雜念或邪念，但當你超越這些煩惱，好好處理這些問題，就是行動瑜伽，也是我們唯一能帶到另一個世界的珍貴故事。

斷／採納正反方意見，就不會被牽著鼻子走

除了聽到的話要打對折，另一個重要的觀念是：必須同時採納正反方的意見。因為我們容易接受偏頗的資訊，所以要刻意接收完全相反的訊息。

在諜報的世界裡，這是一個極為普遍的手法。針對某個主題收集各種資訊時，必須囊括肯定和否定的意見，才能消除思考方式或價值觀的偏見。花時間收集多方資訊，充分理解之後再做判斷。

17 人體為了保持良好的狀態，積極促使細胞自殺。這是由基因引發的計畫性細胞死亡。

千萬別忘了，資訊的性質會隨著時間改變。資訊的性質變化，是指該資訊的可信度增加或減少。舉例來說，一年前沒人相信的事情，現在有許多人相信；反過來說，大家曾經相信的事情，可能因為某些事件而失去可信度，這些都是常見的情況。

這是因為隨著時間的推移，與該主題相關的素材增加了，檢視資訊的精準度（準確度）當然也跟著提升。其實，大家對於歷史應該抱著懷疑的態度。日本史教科書上，已經不再出現武將的肖像畫，因為人們逐漸發現那些肖像畫並非本人。

相反地，某些資訊會隨著時間深植人心，成為無可動搖的常識。人們在編輯歷史時，經常無視當時的時代背景，刻意用現代的觀念去解釋，企圖操縱人們的印象，或是故意只強調部分的事實來扭曲史實。

總是在未經檢證的情況下，提供單方面資訊的媒體，本身也是頗有問題。別因為報紙跟電視等媒體都有報導，就輕易相信這些資訊，這是很嚴重的錯誤。

人們經常忘記媒體是營利企業。雖然媒體會使用社會正義或群眾觀感等華麗的詞藻，但千萬別忘了，報社曾經在二次世界大戰時煽動戰爭。而且，媒體也不能違背廣告贊助商及壓力團體的意見，只好按照他們的意思，煽動讀者與觀眾。大家應謹記「媒體構造」，詳細審視每一條資訊，這才是媒體素養（Media Literacy）[18]的本質。

這條資訊真的對自己有益嗎？是否讓你感到不舒服？覺得不自在？不要把資訊當成別人的事，應該親力而為，檢視各種資訊。跟歐美相比，日本在這方面起步比較晚，也是未來應該強化的課題。

18 活用資訊的能力。

斷／不需介入別人的思想，因為拚命說服只是白費時間

偏見其實是根深柢固的情感。每一種偏見都出於各種不同的先天條件，而能不能放下偏見，也是個人的自由。有些人沒發現自己預設了偏見，覺得自己比別人優秀，在真的受騙上當時，反而會惱羞成怒。

我得到一個結論：「對於不想懂的人，不管你用什麼方法，都沒辦法讓他們懂。」雖然這是有些似是而非的論述，但了解這點相當重要。在不明白這點的情況下，再怎麼拚命說服，也只是白費時間。

尤其是我所說的死後世界、靈魂存在、輪迴轉世等，被現代社會視為靈學的

話題更是如此。

舉例來說，有些人深信「人死後一切歸無，今生是唯一的人生」。跟他講死後或是轉世的話題，只會導致你們的關係惡化。除非對方感興趣，認為「說不定真有其事」，否則對於態度堅決的唯物論信徒，不需要勉強他們接受這種說法。

或許有人覺得這麼做很無情，但對不相信死後世界的人來說，也是一種學習。這並不是聽別人說幾句話就能理解的事，重點在於自己是否能誠心接受。下一段人生再開始重新學習，也沒什麼不好。

然而，對於那些「我想了解更多，所以需要資訊」的人來說，這個網路發達的年代算是一個不錯的時代，能找到許多先人留下來的珍貴文獻與出版品。只要有心，慢慢學習就行了。

在他人主動理解資訊之前，我們無從插手，也無需介入他人的思想。熟悉靈學領域的人認為：「有些事再怎麼講，對方也不會明白。」所以只要說一些基本事項就好。把你該說的話講完，接下來就要看對方了，這是一段恰到好處的距離。如果對方真的有興趣，應該會自己想辦法查詢。若你硬要插手，反而會造成不必要的壓力。

然而，有些人聽到死後世界就冷笑，當他們必須面臨突如其來的死亡，態度將出現一八〇度的轉變。舉例來說，自己罹患重病、家人突然身亡，或遭遇某些讓人意識到死亡陰影的衝擊事件時，有些人會改變過去的想法。不過，當然不是所有人都這樣。

家人為什麼會死？這種痛苦從哪裡來？我死後又會如何？在思考這些事情的瞬間，心裡將萌生與過去完全相反的念頭。如果你也是這樣，請不要勉強自己抗拒這些念頭，先放下理性，重視你的直覺。每個人都有屬於自己的領悟時機，而這就是你的時機。

人的意識高牆彈性極佳，高度與硬度都能隨心所欲地加以變化。覺醒就是促成變化的要素。在你有感而發時，請重視自己的想法，這時你的偏見將會瞬間消融。

離／生病治療有沒有成效，全憑自己想不想治好

別管那些不想懂的人，這才是上上策。在工作現場，或多或少都有這樣的人。除非傷害會波及第三者，到必須訴諸武力的地步，但是如果情況不嚴重，最好置之不理。在這段期間裡，我們還是能抱著一絲希望：也許他能懂，說不定他能覺醒。

最近，有一些書打著「無需醫療」的論點，而這個論點也要看當事人怎麼想。作者是醫師，如果他真心覺得醫療沒有必要，應該早已辭去醫師一職。不過他還是以醫師的身份發表，看來他針對的是那些不懂得運用醫療的人，他想要打

破這些人的意識高牆，才會提出這套方法論。

翻閱那些書籍後，我發現內容並不像書名那麼偏激，而是有它的道理。也許作者是希望大家能接受這些道理吧。至於讀者能否了解箇中理論，則因人而異了。我認為他想說的是：「醫療並非沒有必要，但是我們不能過度依賴。」

生活習慣也是一樣的道理，我們沒辦法拯救那些不想懂的人。你身邊應該也有些人過著放蕩的生活，即使大家好言規勸，他也不打算改善，最後只能靠本人的覺醒。

治療有沒有成效，要看本人是不是真心想治好。

成癮症是最麻煩的疾病。病患通常無法靠自己的意志克服，所以需要採用特殊治療。

治療糖尿病的基本方法是飲食及運動，沒有其他更好的方法。當飲食與運動無法控制時，服藥是正確的治療方式。不過藥物無法根治，最後得視本人的配合程度。當病症惡化時，不僅會失去視力或雙腳，甚至連性命都保不住。

每天都抽菸的人，容易罹患慢性阻塞性肺病（慢性支氣管炎、哮喘、肺氣腫等）。我想大家應該看過這種病症的人，他們不停地咳嗽與咳痰，連吐氣都很辛苦，只能慢慢呼吸。如果本人已經出現上述症狀，或是已經罹患惡性腫瘤，卻依然持續想抽菸的話，雖然醫師必須盡到說服的義務，不過那是當事人自己的人生，別人沒辦法插手。所以，最後還是得取決於當事人的意志與覺醒。

正念／「心存偏見」永遠辦不到，「許下心願」便心想事成

靠別人灌輸資訊，學不到東西。唯有自動自發地學習，才能有所收穫。因此，如果當事人覺得「我辦不到」、「我不行」，那麼做什麼都沒有用、行不通。

關鍵在於覺醒的時間點。

不久之前，全世界都在傳頌「想像自己實現心願」的重要性，不過很多人應該只停留在理解的程度，不曾採取進一步的行動吧？在某本書上或是聽某人說過，想像力多麼神奇，自己卻從來沒試過，也沒有想像過，對吧？

你為什麼不做呢？

因為你心存偏見，認定自己辦不到。換個說法好了，你並不是辦不到，而是覺得一定不會實現。據說能實現心願的人跟不能實現心願的人，兩者的差別就在這裡，我也這麼認為。

雖然無法保證想像力可以在下一秒完美實現心願，不過我們的意識能量會朝著想像的方向運轉，肯定能幫你實現願景。

每個上班族都有各自的煩惱，像是擔任某個大案子的負責人，或是上面交辦重大任務之際，就是在測試你的想像力。

就我個人來說，我會認為：「不要煩惱，往前走就對了。」然而，不會運用想像力的人，腦袋裡淨是想像一些壞事、負面情形：萬一失敗了，會很丟臉、被罵、升官無望、被調走、給大家添麻煩等。結果，把這些壞事召喚到現實中，這也是意識能量所造成。

相反地，想像自己達成心願的場面，自然會聯想到其中的過程，以及該做哪些事，接下來只需要專心準備這些事。在工作現場，如果你覺得自己能力不足，請向同事、前輩、主管尋求協助；若有需要，可以要求其他部門配合，這就是倒推思考。

你現在所處的位置，是由你過去人生中的各種要素結合後形成。這就是所謂的緣分。其實每個人都是「坐這山，望那山」，所以只要你認真付出，一定會獲得屬於你的寶物。

斷／去除渾渾噩噩，積極為自己寫一段精彩人生故事

「做你該做的事。」專業工作者最重視這件事。

說辦不到、行不通這種話，是你的自由。把自己關在殼裡，是你的自由。不想舉手，是你的自由。拒絕成為負責人，也是你的自由。我們都有自由意志，不容任何人侵犯，自由自在地過完一生就行了。

可是，這樣真的有趣嗎？

人生最大的目的，就是體驗各種故事。消極的自由意志背後沒有故事。坦白說，我還想問：「你為什麼要投胎到人世間？」凡事都要嘗試，這是個替自己寫

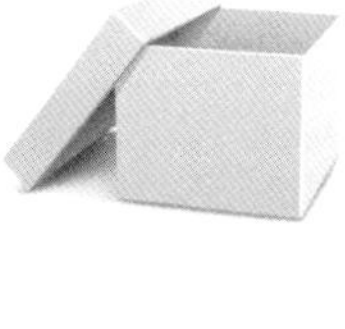

故事的機會，也是一個與別人深入溝通的機會。不要煩惱自己能不能辦到，做就對了。把它當成靈魂的進化，也就是你自己的進步。

此外，希望大家注意一點。當你看到別人的機會來臨時，如果你想推他一把，應注意表達的方法與時機。

不管當事人有沒有心去做，當上級委以大任，或是面臨決斷的時刻，你必須仔細思考表達的內容與時機，從這裡能看出主管的能力。另外，若當事人還沒準備好，你卻在不對的時間點說：「你試試看」、「最好這麼做」，最後一樣是徒勞無功，當事人也無法從中學習經驗。

這時，如果能多等一會兒，等時機到了再溝通，也許能解決大部分的問題。最麻煩的就屬當事人已經準備好的時候，該用什麼方法推他一把。有些人只要對他說「試試看」就夠了，有些人則會受到消極的想法限制，認為「我可能辦不到」。

這時，你可以試試「比較」這個方法。就靈性的觀點來說，跟別人比較沒有什麼意義，但如果是工作這類現實的話題，為了將對方導向正面的心態，有時候比較反而是個好方法。比較通常能讓當事人萌生積極心態：「他都可以的話，我一定沒問題。」

講一個五十幾年前的小故事。當時我母親帶我去拔乳牙，我真的很想逃走，不過年輕的牙醫對我說：「小朋友，別怕哦。你看看，那邊那個小女生，她跟你一樣哦，剛剛才拔完呢。」

聽了他的話，我看了那個小女生一眼，她看起來比我還小，一臉若無其事地坐在那裡。後來，我的乳牙順利地被拔除。若是怒罵對方為什麼辦不到，只會讓人洩氣。牙醫的目的是讓病患接受治療，所以他判讀我的心理，成功打動我的心。

讚美與叱責的方式當然很重要，不過若能在適當的時間點推當事人一把，更能促使他自然覺醒。如果硬逼對方覺醒，就成了強迫。先推對方一把，接下來只能靜待他展翅高飛了。

離／「聽說」不一定正確，因此批判他人時……

雖然對於聽到的話要打對折、必須同時採納正反方的意見，但我自己偶爾也會犯毛病，根據傳聞擅自想像。

人很喜歡擅自評判素未謀面的人。

見面之前，難免有各種想像，不過千萬別把對方當成壞人。與其胡思亂想，不如在一片空白的狀態下會面，然後用五感去確認。這是最關鍵的重點。由於網路發達，我們隨時都能獲取資訊，但當中可是玉石混淆，因此絕對不能抱持偏見，不要受到事前的資訊影響。

話說回來，來自某某人的資訊，本來就包含說話者的主觀意識。也就是說，在這個時間點，它已經不是客觀資訊。我們卻忘記這一點，把對方說的話照單全收，這就是人性的弱點。

以前，我曾經參加一場評委會，結果選出來的人並不是我心目中的人選，讓我有點訝異。那個人是經過多數表決選出來的，沒有任何爭議，不過我心裡總覺得不太對勁。後來，跟那個人往來之後，我才發現「原來他是這樣的人呀」，總算接受他獲選的理由。

後來我認真反省這件事：我當時的看法全都是個人偏見。我只認識對方的一小部分，不應該因為風評而抱持偏見。請大家注意，紛爭往往出於誤解。

話雖如此，對於某些人，不管我們怎麼看、怎麼想，都沒辦法認同他的想法，沒辦法跟他當朋友。我們不是聖人君子，所以不需要勉強自己喜歡對方，但也別積極地散布他的壞話。

萬一聽到別人講他的壞話，你只要用「畢竟這個世界上什麼樣的人都有」，輕輕帶過就行了，不用評判別人的好壞。「原來如此」和「喔喔」也很好用。你當然可以主觀地表示「那傢伙有問題」或是「他最棒了」，不過如果不是出於你的真心，你不需要附和對方的話，保持不置可否的態度即可。這招用得好，可以省下不少壓力。

如果你老是被當場的氣氛牽著鼻子走，久而久之，別人對你自然不會有什麼好印象，你被視為四面討好、八面玲瓏的人，因而失去大家的信賴。關鍵是不要看人的臉色，保持堅定的立場即可。

重點整理

- ☑ 所有人意見都一致，這樣才危險。
- ☑ 活著就是一種修行。
- ☑ 人必須定期將思考歸零。
- ☑ 要同時採納正反方的意見。
- ☑ 不需要介入別人的思想。
- ☑ 治療有沒有成效，取決於當事人的意志。
- ☑ 意識能量會朝著想像的方向運轉，幫你實現願景。
- ☑ 凡事都要嘗試，這是替自己寫故事的機會。
- ☑ 當你想推別人一把，應注意表達的方法與時機。
- ☑ 絕對不能抱持偏見，不要受到事前資訊的影響。

第四課

健康篇：病痛，讓我們失去活下去的動力嗎？

斷／與其擔心做不好，不如盡力做才有意義

「擔心」是一個難以界定好壞的詞語。它有好的一面，像是顧慮他人與環境；也有不好的一面，比如支配自己或別人的心理。不過，如同不安、懷疑、操心、煩惱這些帶有負面因素的詞彙，擔心多半也帶著負面的意思。

我們可以將令人擔心的狀況，分為以下三大類：

①無法預測的結果。

②預測到不好的結果。

③自己無法掌控的壞結果。

這些情況可以套用在醫師與醫療團隊，也能套用在病患及他們的家屬身上。若結果一如預期，只要說句：「別擔心，沒問題」，即可消除當事人的擔心。

至於那些自己無法掌控的情況，多半是因為「不夠努力」或是「努力也無法達成」，例如：工作上的失誤或無法完成的艱難工作，屬於前者；經濟不景氣或天災，則屬於後者。

重點在於別擔心那些自己無法掌握的情況。不管你身處什麼樣的環境，都請大膽面對、放心看開。在看開後，你將採用不同的應對方式，也許會發現，之前非常煩惱的事其實沒什麼大不了。越想改善情況，越容易擔心。

每位醫師都很擔心病患的病情變化。就某種層面來說，想像病患未來的病情，也算是擔心。儘管如此，時間會帶來結果，擔心也無法改變任何事。

因此，盡力做好現在能做的事，才是醫療的存在意義。盡力去做，別擔心病患以後的情況。年輕的醫生還沒辦法達到這個境界，反而要由病患主動鼓勵醫生。處於目前的醫療環境，醫生只能不斷累積自己做得到的事。

斷／復健成功的關鍵，在於是否聆聽身體的聲音

有時候，我們會遇到一些復原狀況超乎預期的病患。原以為治不好的病患，結果痊癒了。有些瀕臨死亡的病患，也會奇蹟似地復生。

我曾問這些病患做了什麼努力？結果不少人回答：「努力復健，並聆聽身體的聲音。」「聆聽身體的聲音」，簡單來說就是「跟自己的身體對話」。

我有一個朋友在三十幾歲時脊髓損傷，導致下半身癱瘓，雙腿無法行動。當時，大家都覺得他不可能再用雙腳走路了。然而，朋友卻奇蹟似地復原，現在已經行走自如。

朋友告訴我：「我對自己的身體說：『我覺得你很重要，讓我們一起加油吧』，同時在心裡一直想著這件事，結果就痊癒了。」

重點在於，把我們的身體當成生命來好好對待。肉體本來就是乘載人類意識（靈魂）的交通工具。

「身體啊，感謝你總是任我使喚。」我們應該心懷感謝，好好對待自己的身體。不過，很多人不這麼想，所以容易生病。雖然這個說法未經科學證實，但我認為跟身體對話非常重要。請多多珍惜靈魂的交通工具（肉體），有必要的話，請跟你的身體對話。

順帶一提，前文提到我朋友和其他聆聽身體聲音的案例，他們並不是聽了誰的建議才這麼做，而是自發性地去做這件事。也許，他們的靈魂發揮了特別的功效。

離／懂得客觀認識自己，就能改善行動

愛擔心的人都是源於某種強烈的執著。身體不好怎麼辦？出車禍怎麼辦？公司倒閉，沒工作怎麼辦？家人過世怎麼辦？連下雨、下雪這種事都要擔心。執著於那些不知道會不會發生的事情，應該是出於某種恐懼心理或是神經不安的作用。只要改變觀點，就能減輕壓力。透過想像可以改善這些負面情緒，請試著想像一些讓你充滿期待的事情，例如：跟某人共進晚餐、買一本書來看、去外地旅行等。

每個人改變觀點的方法都不一樣。以我為例，我會去慢跑、騎自行車，運動

全身肌肉，把自己搞得精疲力盡，不讓大腦有空胡思亂想，利用這段時間切換觀點。工作的時候，如果可以中途離席，我會出去透個氣。開會時，如果爭論不休，那就改天再議。最重要的是先暫時離開當場的煩悶氛圍。

最理想的狀態是，在任何情況下都能客觀思考。用俯瞰的角度看待自己的事情，即可消除壓力。愛操心的人通常只能看見自己的缺點，無法正確地認識自己。大家不妨用做筆記的方式來分析自己：先記錄一個星期，持續一整個月更好，把每天的生活記錄下來。

記錄事項可以視個人需求自行設計，像是以下這些時間、時刻或內容：起床、就寢、用餐、通勤或通學、緊張、集中、休閒、週末、閱讀、打電動、看電視、運動、聽音樂、跟朋友與家人溝通等。有了這些記錄，才能進行分析。

記錄的好處是能加強自我關心程度。

請大家別誤解，我不是叫大家要對自己執著。記錄自己的生活之後，才知道自己的生理時鐘，這是改善行動的重要數據，還能消除消極偏頗的想法。

斷／斷掉一切看輕自己的念頭，因為我們絕對比想像堅強

長期的擔心，可能會讓你看輕自己。

如果你養成看輕自己的習慣，負面情緒將會形成連鎖反應。即使是輕微的失誤，都會讓你萌生「我真是個沒用的人」的想法。在資淺醫師身上，也能看到類似的情況。醫療跟建築、餐飲業一樣，都要在現場不斷累積經驗，能放下失敗經驗的人才能成功。

如果有人覺得自己真的很沒用，不肯聽別人的建議，只知道看輕自己，最好的辦法就是先別管他。在這樣的狀況下，當事人也許能學到什麼教訓。所以旁觀

者最好保持理性，不要介入。

然而，看輕自己的人出現自殘或是自殺行為時，我們應當出面阻止。他們已經無法學到什麼教訓，傷害上天賜予的身體也沒有任何好處。

有一個好方法，可以幫你預防看輕自己的情況。請回想你讀過的書、聽過的事，甚至是自己的經驗，找出某人或某事來與自己比較：「我好像比〇〇好多了。」乍看之下，這好像是一種負面思考，但只要能戒掉看輕自己的壞習慣，不妨善加利用。

舉例來說，捲入某件糾紛的時候，也許你覺得自己的一切都被別人搶走了。不過，你無須擔心，即使失去各種事物，也不會失去性命。別人無法輕易奪走你的性命，我們失去的只是我們沒有能力留在身邊的事物罷了。

其實人的意志非常堅強，遠超乎我們的想像。

在大多數的情況下，人都能忍耐。只要不愁風吹雨打，也不愁沒飯吃，幾乎所有的擔心都不算什麼。萬一我們擔心的事情成真，至少我們還有上天賜給我們的這條性命。

有些人喜歡主動體驗極限狀態。他們想在臨界狀態下，確認自己依然活著的事實。有了這樣的經驗之後，今後不管在日常生活中遇到什麼糾紛或煩惱，他們都能反向利用負面思考來解決：「跟那個時候比起來，現在根本不算什麼。」

我並不是叫大家去體驗瀕臨死亡的感受。但如果你在緊迫的狀況下，仍能客觀看待自己，認為「目前遇到的狀況對以後一定有幫助」，才可以成為一個真正堅強的人。

離／透過死別，體會人生別具意義的失落感

與重要的家人或親友死別，通常都會湧現特別的情感。

我的雙親已經相繼離世，本以為日後能跟唯一的弟弟相依為命，沒想到他卻在二〇一三年九月中旬因肝癌過世，享年五十六歲。許久不見的弟弟，在過世前一個多月，大約是八月初左右，主動跟我聯絡。我們兩人都很忙，平常難得見上一面，弟弟對我說：「好久不見了，一起吃頓飯吧。」當時，我就覺得他不太對勁。

「怎麼了？」在我的詢問之下，弟弟平靜地道出意外的事實：「老哥，醫生

說我已經是癌症末期。」

他說他是先在住處附近的診所，經醫生診斷後，再轉介到綜合醫院做進一步的檢查，不過目前情況還不明朗。

我請他帶著檢查報告到東大醫院，緊急安排肝膽胰外科進行腹部超音波檢查，結果發現肝臟的惡性腫瘤已經腫得非常大，幾乎佔了半個肝臟。到了這個地步，連西醫也束手無策。

後來，弟弟在家中療養，卻因強烈的疼痛導致睡眠障礙，所以我請他到朋友工作的醫院接受安寧療護。臨死之際，他真的非常痛苦。在我聯絡後一個多月，弟弟就悄悄地走了。沒有經歷長期病痛，應該是不幸中的大幸吧。

弟妹（弟弟的老婆）產生強烈的失落感。他們夫妻倆膝下無子，如今她已是孑然一身。弟弟從事教職之餘，也是熱愛田徑的運動員，是個標準的健康寶寶，沒想到竟然會以這種方式離開人世。

曾經與家人死別的人會產生強烈的失落感，沒經歷過的人不會明白。我認為體會失落感，也是我們不斷輪迴轉世的重大目的之一。好好體會悲傷與難過的滋味，也是一件好事。對於離世的人來說，這就是最好的悼念。

然而，我們千萬不能一直沈浸於悲傷中。

思念亡者、緬懷兩人共同的回憶沒什麼不好，但偶爾為之即可，這是亡母透過靈魂交感告訴我的道理。總之，我們只能靜待時間流逝，因為時間是最好的解藥。無論你多麼難過、多麼悲傷，時間終能解決一切。

離／邂逅與離別都是一種學習，因此不用遺憾後悔

千萬不要自己一個人背負失落感。

「當時多聊幾句就好了」、「早知道就不跟他吵架了」、「早知道就讓他接受更好的治療」……。請大家不要覺得後悔，因為過世的人早已不在乎這些事。如果你身邊有個能敞開心房、談天說地的人，請毫無保留地向他傾訴你的思念。把心裡的話講出來，才能釋放壓力。

人生就是不斷重複邂逅與離別的過程，其中也包括死別。邂逅有邂逅該學習的東西，離別也有離別該學習的東西。不斷經歷一段又一段的故事，有淚水、歡

笑、後悔等，好好體會當下的情緒，才是我們投胎到人間界的最大目的。

前面提到我弟弟的故事，之後還發生某件事。

弟弟和弟妹都是沒有特殊能力的普通人，對我書中寫的看不見的世界沒什麼興趣。弟弟過世後不久，弟妹開始說：「我聽見（弟弟的）聲音。」大家本來以為她是因為家人過世的打擊，才會產生幻聽、看見幻影，可是她聽得很清楚。

起初，她也以為自己聽錯了，但那是弟弟跟她說話才會用的語氣，還會一再確認她有沒有聽到。由於她之前完全沒接觸過類似的事件，因此相當耐人尋味。

我也很在意這件事，於是請會通靈的人幫忙調查，對方表示：「在靈界的規則裡，你弟弟是個特例，剛過世就能成為太太的指導靈（守護靈）團隊。」儘管這個說法很玄奇，我們還是接受這件事。

無論如何，過世的人們的確會守護還活在世上的我們。我們死後也會前往他們的世界，做同樣的事情。另外，我們也不需要擔心亡者能不能成佛，擔心這種事，反而會讓亡者心存掛念。只要偶爾懷念亡者，他們就很高興了。

斷／急診室醫生提醒，壓力是疾病的元凶，要學會放下……

雖然生活習慣病等慢性疾病不會危及性命，但仍有些病患會擔心、煩惱，我總會告訴他們：「別擔心。」我並不是隨口說說，而是擔心這種事根本沒有意義。

問題出在病患對於慢性病抱持什麼樣的看法。把它當成比較嚴重的過敏現象、重大疾病，還是身體異常？每個人都有不同的觀點。如果認為慢性病是身體異常，當事人將產生嚴重的負面情緒。

例如糖尿病或高血壓，到底是身體異常還是逐年老化引發的疾病，至今仍然

有爭議。有人認為如果主張這類疾病是老化引起的症狀，那麼大多數的慢性病都不能算是疾病了。

疾病之所以為疾病，正是因為人們認定它是一種病。如果不把它當成疾病，這些症狀就是老化造成，算不上疾病。有些醫生覺得其他病症還比較嚴重，例如腦中風或心肌梗塞，說不定一下子就走了。不過就某方面來說，這樣也算蠻幸運的。對於希望「健康長壽地活著、安祥突然地逝世」的日本人來說，這算是很正常的想法，我也認同這樣的看法。

對於老年人來說，若能預測未來的狀況，也許可以省下多餘的醫療程序與費用。如果吃藥沒用，手術的效果也不好，再考慮年紀因素，自然會做出其他的選擇。這就是「優質死法」方程式。

臨終關懷（安寧療護）進入日本的時間還不算長，今後應該會有更多人採用這種醫療方式，走完人生的最後一程。

如果經過多次治療即可看到成效，當然應該進行適度的治療，這是醫療現場的基本原則。每個人都要採用量身打造的療程，不能隨便亂來。

如今，癌症已經被人們戲稱為國民病。癌症與老化並不是完全無關，至少在目前的醫學界，無法將老化與癌症當成兩回事。我並不擔心癌症患者的病情本身，反而比較擔心他們放棄希望，因為許多人都認為「癌症＝不治之症」。

跟大家分享一個從前的笑話。有個人身體不舒服去接受檢查，結果發現並不是當事人擔心的癌症後，他說：「太好了，現在知道不是癌症，我已經死而無憾了。」雖然當時的人們認為癌症是不治之症，但如今癌症存活率已逐年攀升，與三十年前相比，有些部位的存活率甚至出現飛躍的成長，不需要感到悲觀。

不管是不是癌症，累積壓力都會引發疾病，壓力才是疾病的元凶、罪魁禍首。大家別忘了，不管是好是壞，人的意念都會成真。

斷／與其執著趕快提升能力，不如讓時間證明一切

經驗不夠老道的醫師擔心很多事。

我總是跟他們說：「只要你夠努力，一定能在醫界闖出一番成就。」其實，這句話不僅適用於醫師。剛出社會的年輕人經常把「我什麼都不會」掛在嘴邊，這也是很正常的事。現在公司裡的資深前輩與主管，過去也曾是什麼都不懂、什麼都不會的菜鳥，沒有人是剛起步就具備十八般武藝的超人。

我常告訴新人：「別心急、別慌張。」他們會因為做不好眼前的事，而感到焦急，一心想要趕快提升能力。我可以理解那種焦慮的心情，不過時間能解決很

多事。隨著經驗的累積，能力便會增強，不需要擔心。

每一項工作都是採用團隊合作的方式，菜鳥做不來的部分，一定有人負責處理。菜鳥會在組織的循環作業中，逐漸累積經驗、提升技能，日子一久，自然能獨當一面。

因此，請大家不要心急，不用擔心未來。在我們的職場裡，連愛操心的人都會說：「慢慢做就會上手。」也許大家現在還不能認同這句話，不過工作就是這麼一回事，時間久了自然會明白其中的道理。

雖然這個社會總是嘲諷年輕人為「寬鬆世代」[19]，但我並不悲觀。不管在什麼年代，年輕人都能發掘新事物，帶來新的價值觀。儘管中老年人認為年輕一輩沒有欲望和野心，不過年輕人覺得那些看法與言論，都是被物質文化毒害者的玩笑，也許他們根本不介意。

19 日本一九八七年後出生的世代，受到二〇〇二年起實施的寬鬆教育影響，通常被認為學習能力與競爭力大不如前。

話說回來，抨擊年輕世代的人，就是當初實施寬鬆教育的中老年人。他們完全不檢討自己該負的責任，所以我認為他們的說法皆有待商榷。

年輕世代是順其自然的世代。因為這股風氣的影響，現在二十幾歲的人又被稱為「達觀世代」[20]。其中不乏無欲無求的人、繭居族[21]，不過也有很多積極活潑的人，甚至還有人被稱為肉食系。我們無法用單一名詞概括形容整個世代。

現在四十五至五十歲左右的人，被稱為「泡沫世代」[22]；五十五歲以下的人又稱為「新人類」。但即使是同一個年代的人，每個人都擁有完全不同的特質。這些名詞都是媒體創造的，只能代表部分事實，不能代表整個世代。

疾病也是一樣，即使是同樣的疾病，症狀也會隨患者的特性與生活型態改變。現在六十五至七十歲的人，也就是大家口中的「團塊世代」[23]，每個人的價值觀與人生觀都有很大的差異，卻在媒體的強烈渲染下，被視為一個群體。

因為是相同的世代，就以一概之，這是錯誤的態度。也許每個世代都有自己的風氣與共通文化，但把它當作標籤貼在每一個人身上，則是過於草率的分析。

千萬別忘了，每個人都有自我意識。

我們身為公司的前輩，能做的也許只有完全接受年輕世代的想法與做法。當他們採取反社會的行為時，我們應盡到阻止的義務。除此之外，除非他們有求知、求助的欲望，不然我們都不應該出手，這就是默默守護的本質。

在醫療現場，我們在帶住院醫師（實習醫師）時，都是採用直屬制，由大一屆的學長姊帶學弟妹。這種方式的優點是兩人年紀相仿，學弟妹有問題比較敢發問，學長姊帶起來比較容易。要是年紀差很多，難免有隔閡，對彼此都沒好處。我認為這是一種很好的制度，據說是參考美國的做法。

順帶一提，早在遠古時期，埃及文明就曾出現「最近的年輕人啊……」這類用語。這應該是出於對下一代「恨鐵不成鋼」的表現，不妨一笑置之。

---

20 對未來不樂觀，淡泊一切的世代，涵蓋年齡層與寬鬆世代幾乎一致。
21 足不出戶，拒絕與社會交流的人。
22 日本一九六五至一九六九年出生的世代，他們進入社會的時期正好是泡沫經濟時期。
23 日本二次大戰後的嬰兒潮中出生的世代。

離／別害怕生命盡頭，你只要開心做好準備

「生病與終活[24]」是老人家最常見的煩惱。

因為確實有人不在乎這種事，我才用「常見」來形容。不過，還是有許多人很在意。大部分的老人家不想給子女添麻煩，所以未來養老院、老人安養中心的需求可能會呈倍數成長。

先不管有沒有生病，光是臨終該怎麼處理眾多繁瑣的事項，就是大家很關心的問題。我曾在《離世的準備》中詳細介紹這個部分，建議大家利用市售的終活手冊，或是留下生前遺囑（尤其是對治療的想法），並與身邊的人取得共識。

雖然這些都是平常就能交代的事，不過有些人卻不喜歡這麼做，認為這樣會觸霉頭，結果反而無法遵照本人的心願安排後事。大家必須趁還健在的時候，把握機會開開心心做好準備，千萬別認為這是沒事找事做，也別擔心自己還有多長的壽命。

此外，希望大家盡量別害怕死亡。

爭論人死後是否還有另一個世界，根本沒有意義。對於那些堅決認為「沒有就是沒有」的人，我也沒什麼好說的。信仰特定宗教的人，應該已經找到自己的方向。如果你沒有特定的信仰，或是認為死後也許有另一個世界，建議可以閱讀一些講述靈學世界的書籍，以前沒看過也沒關係（《離世的準備》中有詳細敘述）。

人類對於未知的事物總是抱著極端的恐懼心理，其實只要多了解就行了。

女性的好奇心比較旺盛，比較不需要擔心這個問題。中老年男性過去多半只

24 為臨終做準備。

讀商業或管理類書籍，可能會抗拒讀靈學世界類的書籍。也許他們是拉不下臉，或受到各種思緒阻撓。但為了終活，不妨把這件事當成人生的課題之一，多認識一些靈界的事，也許就不再害怕死亡了。

親戚或好友過世時，有人會哭泣、不甘心，但我們本來就來自靈界，回到靈界後還會收到祝福：「恭喜你，辛苦了，跟我們分享你的故事吧！」這樣一想，我覺得我們應該把葬禮辦得更好才對，現在的葬禮好像是為了遺族而辦。

若能建一座主題樂園，讓大家了解「靈界和人間界」的機制，應該會很有趣。了解運作的機制後，大家應該會改變自己的生活方式，變得想學習更多事物。

另外，請別再堅持要在哪裡嚥下最後一口氣。死在哪個地方都沒關係，不管是醫院還是安養中心、家裡還是路邊、山上還是海邊，都只不過是人臨終的地點，沒有其他的意義，因為靈魂已經不在那裡了。過世之後，我們將回到薄紗（布幕）另一頭，回歸原來的世界（靈界）。

無論在哪裡死去，都會前往同樣的地方，大家完全不用擔心。

重點整理

- ☑ 別擔心自己無法掌握的情況，盡力做好現在能做的事。
- ☑ 聆聽身體的聲音，學會跟自己的身體對話。
- ☑ 客觀看待自己，即可消除壓力。
- ☑ 其實人的意志非常堅強，遠超乎我們的想像。
- ☑ 體會死別的失落感，也是人生的課題之一。
- ☑ 不要自己一個人背負失落感。
- ☑ 人生就是不斷重複邂逅與離別的過程。
- ☑ 不管是好是壞，人的意念都會成真。
- ☑ 時間是最好的解藥。
- ☑ 了解未知的世界，不再害怕死亡。

第五課

親情篇：當孩子課業、父母等問題來臨時……

斷／時間有限，要決定想做的事和處理該做的事

人終須一死，無人能例外。

「雖然時間還沒到，但自己總有一天也會迎向死亡。」有人對於這種未知朦朧的狀態，感到不安而煩惱。其實，我們早已經歷過無數次的投胎，即使這回人生結束，還是會重新轉世，過著嶄新的人生，大家先記住這點就行了。靈魂才是我們的本體，死後也不會滅亡。

即使我在這裡費盡唇舌要大家別煩惱死亡，還是無法替為此煩惱的人徹底消除不安。不管我怎麼說、怎麼寫，不安的人永遠會緊抓住他們的不安。

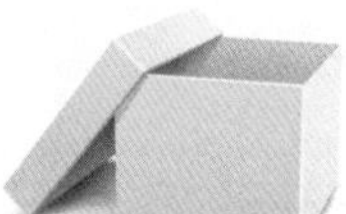

然而，考慮到人生的時間有限，每個人都應該留意兩件重要的事：

①決定想做的事。

現在，請決定想做的事或該做的事，並且排定優先順序。建議老人家先寫終活手冊，以此解放身心靈、重拾自由。想避免爭產風波、尊重本人意志做臨終治療、回顧人生，都可以利用終活手冊達成目的。

另外，我建議大家前往想去的地方旅行。以前可能沒空，現在好不容易有時間，可以藉著旅行充實意識能量。想去的時候就去，最幸福的事莫過於此。

②解決（清算）仍然掛心的事。

應該有很多煩心事，例如：財務糾紛或是人際關係問題。最好趁自己還有能力時，把這些事情處理好。過世後給親屬與朋友添麻煩，並不是什麼好事。另外，跟想見的人會面，雖然要看對方的情況，但這通常能加強彼此的能量。在

「意念」這個肉眼看不見的世界裡，人與人緊密相連，所以你思念的人通常也思念著你。

實行這兩件事情的時候，請遵守兩個注意事項：

①誠實傾聽自己內心的聲音。

我們活了好幾十年，身上背負著許多不必要的包袱，大多都是一些無關緊要的自尊心、枷鎖、執著或世人的眼光等。因為沒有機會拋棄，所以才會背負至今，其實早已沉重得快受不了。拋開一切、回到原點，正是脫掉這些包袱的大好時機。

②盡量客觀看待自己。

人在分析自己的時候，總是很難評判自己的好壞。對於你煩惱、後悔、反省的事，只要稍微往後退一步，通常會發現對方（身邊的人）其實沒那麼介意。

以攀岩為例，在攀岩的時候，若想到不小心墜崖可能會致死，怕到動彈不得的話就完了。在不知道該往上還是往下的情況下，想找出落腳點，最基本的方法就是讓身體離開岩石，用踢的也沒關係。如果一直趴在岩壁上，只能看見自己跟岩壁的接線。但若使力踢一下，讓身體離開岩壁，便能從上方看見自己的位置，也就是用俯瞰、立體的視角協助判斷。

抵達山頂後，就能飽覽壯麗的風景。其實，想要眺望遠景不一定要到山上，也可以到遊樂園的摩天輪、大樓、晴空塔或東京鐵塔，甚至是超高層公寓大廈。當我們爬到高處，將看到更開闊的世界，還能瞧見那些在低處時無法想像的風景。解決煩惱的方法亦同，將視角移到更高的地方，透過另一雙眼睛，俯視現在自己所處位置的整體圖。如果能養成這個習慣，不論遇到什麼問題，都可以順利找出解決方法。

捨／放棄原本的觀點，問題與困難馬上找到出口

煩惱、陷入瓶頸、遇見難解習題、焦慮不安時，不妨走向更高的地方去改變觀點。我不是要大家從高處縱身一躍，而是用心觀察平時不常見的景色，再看看自己現在所處的位置，試著想想自己為什麼會感到痛苦？

以將棋來比喻，就像是把自己當成棋子，再從旁觀者角度俯瞰全局。即使是盯著棋面發呆，也是一段寶貴的時間。

不管是知名度多麼高的人，跟地球或是大自然相比，人類的存在還是很渺小。這樣渺小的存在在狹窄的地方互相批評，就是公司、家裡或各個地區的交流

方式。你認為沒有人了解自己的煩惱與痛苦，於是與周圍的人相敬如賓。其實不只你這樣，你身邊的人也是如此。如果不能認同所有人都有這樣的一面，爭吵與衝突永遠都不會止息。

許多人常說要定期到大自然走一走，就是希望能靠自己的雙腿走路，往返戶外與住所。你可以藉此感受到各式各樣的東西，例如：運動的暢快感、與自然相關的事物、非日常的感覺等。這時，你便能擴大自己的觀點。

所謂的煩惱，就是處於「觀點固定」的狀態。當你的觀點固定不動時，看不見出口；當你擁有多重觀點，即可想出解決方案。大自然就是很好的訓練場。

抽離現狀也能讓你改變目前的觀點。你可以去外面散步、吃點東西、做輕鬆的運動、跟朋友面對面聊天，做什麼都可以。總之，請你從目前的狀態抽離。如果繼續保持現狀，壓力只會不斷累積。

治療疾病時也是如此，大家通常要等到已經沒時間可猶豫的情況，才願意踏出第一步。這會使病情處於迫切狀態，一方面是當事人和家屬不願承認事實，另一方面是很難坦然地說明病情，有些人甚至覺得講出來就完蛋了。

要向病人宣告罹癌的時候，有心抗病的人可能會說：「請告訴我還剩下多久的時間。」對於無法接受的人，我們也不知道該在什麼時機告知此事，情況非常敏感。

因此，我才要在自己的書裡談靈魂。我相信靈魂不滅，所有人都經歷過無數次的投胎轉世。只要理解人間界與靈界的機制，大家對死亡自然不再感到恐懼。未知帶來恐懼，所以了解越多，越能讓我們克服人生中最大的恐懼。

離／換個環境及主動尋求協助，比獨自抱頭苦惱好十倍！

煩惱的時候，可以透過跟其他人商量解決問題，但有些人卻不敢找別人商量。

懂得跟別人商量的人，當然沒什麼問題；相反地，不敢找別人商量，事情就麻煩了。有些人會一直獨自抱頭苦惱、悶悶不樂。一般來說，不敢跟別人商量的人所處環境多半有問題。無法找別人商量的人，通常源於兩種狀況：

①當事人本身有問題。

②身邊的環境有問題。

如果是狀況①，你缺乏的是行動的勇氣。

有人會說：「我不知道該怎麼開口。」這是由於本人不夠積極，擔心「商量這種事很丟臉」。

不懂的事沒什麼好丟臉的，真正丟臉的是不懂裝懂。如果不懂，你應該自己去查，或是當場請教發問。如果你想跟別人商量，自己主動一點就行了。

只要主動出擊，身邊的人都會盡量幫助你。不採取行動，就是你不想行動的證據。你是否太自以為是地認為：「為什麼非要自己主動呢？別人應該要主動來幫我才對。」如果你一直保持這樣的心態，永遠都沒辦法解決問題。

還有一些老人家想維持無所不知的形象，所以不懂也不敢開口問，倒不如老實說：「我不懂，請教教我」、「我有事想找你商量」，反而能贏得晚輩的尊敬。擁有求知的欲望，才是個有好奇心、向上心的人。

如果是狀況②，你缺乏的是關懷。

當大家缺乏互助意識時，就會陷入這種狀況。未來，無論哪個年齡層，獨居人口都會持續攀升。左鄰右舍聯絡網的重要性將會超越親人，這個部分應該由自治團體負責整合。目前都會區尚未著手進行，反而是在鄉下地方，尤其是偏鄉地區，已經開始運作了。

日本人很喜歡「互助」與「體諒」這兩個詞彙。我認為這兩個詞彙完美地表現出日本人的性格。然而，現在的日本人似乎不再重視這兩個詞彙，我想這跟GHQ（General Headquarters）[25]的個人主義思想脫不了關係。

尤其是在大都會地區，聯絡網的力量相當微弱。人們跟居住的地區並未緊密結合，結果鄰居能發揮的力量非常有限。如果能關注這個問題，重新找回互助與體諒的意識，日本社會肯定能重拾過去的榮景。

25 盟軍最高司令官總司令部。二次世界大戰後，美國政府派麥克阿瑟將軍在日本建立的機構，旨在引進個人主義，消滅日本人效忠天皇的愛國心。

斷／別再責備別人，把囉嗦轉換成行動的勇氣！

我們有時候實在太多慮了。現在最需要的就是行動的勇氣。

如果你覺得時代正朝著不好的方向走，請你自己先動起來。別想一步登天，妄想影響身邊的環境或是整個地區，請先考慮比較小的單位，再以此為中心展開行動，例如社會最小的單位——自己或家人。行動的時候，千萬別怕丟臉。

在此提及有點偏題的事。

我認為接受國家或自治團體援助，也跟上述所談論的道理相同。這個世界上，雖然多的是詐騙集團、騙取財物的歹徒，可是也有很多生活窮困的人怕丟

臉，不敢申請補助。請把申請補助當成權宜之計，別害羞、大膽申請吧。這是基於國民與國家互相扶持的原理所誕生的制度，請就近向政府機關洽詢。只要行動，必定能帶來改變。

如果你有財務問題、意外事故或人際關係等煩惱，歡迎向法律專家諮詢。網路上也可以找到許多免費諮詢的網站[26]。

有些人不肯行動，把責任都怪罪到別人身上或是整個社會。如果在公司，他會覺得主管不好、部門不對；如果在家裡，他會覺得另一半有錯、父母該起負責，因為「只要怪罪到別人身上，就可以逃避責任了」。

不敢行動的最大原因，就出在自己身上。無論你處於什麼樣的環境，決定原地踏步的不是別人，而是自己。別人可沒辦法影響你的最終判斷。這種人把原本應該拿去行動的能量，轉化為責備別人的負面能量。

26 譯注：在台灣，法律扶助基金會、各縣市政府或區公所，都有免費的諮詢窗口，詳情請至各機關的官網查詢。

想要影響別人或身邊的環境，並不是一件簡單的事。不管你想解決哪一種問題，自己起身行動才是最快的方法。

政治人物面臨質詢時，總是把責任推到別人身上，造成群眾反彈。同樣的道理，沒有下定決心，不肯主動行動的人，只會惹來別人的冷眼旁觀。

如果你遇到正在煩惱的人，該主動關懷還是置之不理呢？這個問題沒有正確解答。簡單來說就是得視情況而定，不過這不算解答。

我的回答是：「揣測對方想法，不忘關懷之心。」

別人找你商量他們的煩惱時，千萬別抱著敷衍的心態，我們需要彼此能信賴的關係。不該隨意傾聽別人的煩惱，也不能回答那些超乎自己能力的問題。隨便回答可能會影響對方的人生，讓彼此都無法從中學到東西。

此外，時機也不好抓。我說「不忘關懷之心」，是指平常就要觀察有煩惱的人。注意對方的一舉一動，才能在不遠處默默守護對方。有了關懷之心，對方找自己商量煩惱時，就可以站在對方的立場著想。

平常就展現「我很關心你」的心情（意識能量），對方一定感受得到。也就是說，關鍵在於我們有沒有傳送能量。如果你滿懷心意守護著對方，也許能促使當事人自動自發。

正念／相信自己的直覺，因為你的選擇永遠是對的

我們應該對自己誠實，因為裝模做樣、遮遮掩掩、粉飾太平，把真正的自己藏起來，最終無法學到任何東西。

我們騙得了別人，卻騙不了自己。人很難騙過自己，就算表面上覺得無所謂，潛意識絕對不會輕易接受。因此，我們會在某些場合吐露心聲。

平常就對自己誠實，也許無利可圖，但只要不跟自己的真心有所抵觸，自然不會造成精神方面的痛苦。因此，我們應該相信直覺，用直覺來看待事物。

在日常生活中，大家通常比較講理，也就是偏向理性思考。理性固然重要，

但若凡事都秉持理性，我們將迷失自己的方向。跟別人商量煩惱的時候，你應該已經憑直覺找到答案，只是希望有人推自己一把。我們的直覺通常已經在不知不覺中找到答案，只是人們通常誤以為，這是經過一番理性思考，才做出的決定。

迷惘的時候，我們通常會找出兩、三種選項。面臨抉擇時，只要你知道「我的選擇永遠是對的」，無論選擇哪一種，心情應該輕鬆不少。因為我們已經靠直覺找到答案，不管選哪一個，都是正確的抉擇。假如還有下一次機會，到時候再選其他選項即可。

我們無法欺瞞自己的心情。儘管你覺得不想做、很討厭，卻為了取悅別人而說謊，或是在乎世俗的眼光，做出不情願的選擇，這麼做最後都沒有好下場。

不管是升學、就業、戀愛、結婚、執行專案還是轉換跑道，都是如此，請重視「我不想做」、「我不喜歡」的感覺。此外，逃避自己的義務是任性的行為，請不要混為一談。

如果你不重視自己的直覺，潛意識一直無法認同自己的做法，總有一天會化為激烈的情緒，破壞別人的心情。最典型的例子，就是辱罵家人或朋友，甚至施以暴力行為，害得所有人失去笑容。

請對自己誠實，並記住以下兩大重點：一是不在乎別人怎麼想，二是大膽拒絕不喜歡的要求。

在某些情況下，說謊的確有必要，也有它的道理。如果你重視現在所處的地方，不想破壞與對方的關係，說謊也是一種權宜之計。

然而，當你需要明確的意志，或是必須做某個重大決定時，請遵從你的良心。了卻所有不長進的關係，別扮演別人理想中的角色。不說謊、對自己誠實，也對別人誠實，如此一來，在任何情況下，你都會堅毅不搖。

捨／朋友一堆，還不如一個？

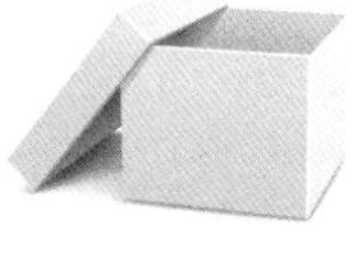

關於商量煩惱，總會有人說：「我沒有值得信賴的朋友或熟人。」真的是這樣嗎？

沒有值得信賴的朋友，這是當事人自己的判斷。想不想信賴對方，也是看本人的意願。這些全都是源於當事人心中的感情起伏。話說回來，如果你不相信別人，別人更不會主動相信你。這跟把問題硬推給別人，卻又怒罵對方：「怎麼還沒解決？」沒什麼兩樣。

信賴是值得托付的心情，或值得相信的想法。信賴是遇到困難的時候，可以敞開心胸說真心話。信賴不是單行道，而是雙向關係。

過去，某位率領日本知名企業集團的人曾表示，他向父親學習領導學的時候，學到一句話：「別相信任何人。」我覺得他錯得離譜。無法互信的情況下，既沒有負面能量，也不會產生正面能量。

這個世界的能量總是保持均衡。A要素與B要素必須保持均衡，關係才能成立。人際關係也是如此，所以我們平常就要打造信賴關係。這就是「保持均衡」真正的涵義。

日本人認為：「寧可被騙也不要騙人。」我認為這句話非常棒，正是日本人應有的道德。但是，世界上有其他流派的人否定這句話，認為應該是「寧可騙人也不要被騙」。

我覺得「別相信任何人」這句話的弦外之音，等同於「寧可騙人也不要被騙」，因此我認為這句話說得不對。

如果是商量簡單的問題，可以透過簡訊或電話聯絡；如果事情重大，最好採用面對面的方式。假設當面交流可以獲得的資訊量為百分之百，透過網路或電話所得到的資訊就十分有限。而且，在各種能量的作用下，會變得無法傳遞完全正確的語意。也就是說，自己與對方當場釋放的意識能量，將會左右資訊內容，這是必須從各個角度檢視的因素。人們經常用「見面時的感觸」來形容，真的非常貼切。

在醫療現場也是如此，沒有什麼比當面溝通還有效。商量就是彼此交換能量，如何有效互換能量，則要視當場情況而定。此外，商量是不重數量只重內容。也就是說，質比量更重要。

隨著社群網路發達，現在電腦與智慧型手機的使用者，多半都會使用社群網站，社群成癮症也跟著出現。

有些人為了得到朋友的讚或留言而拚命發文，多到幾乎是有點病態的程度。不知不覺中，他們追求的已經不是發文內容，而是按讚數了。按讚數讓他們感到強大的壓力，有人甚至嚴重到怨恨那些不幫自己按讚的人。到了這個地步，事情可就嚴重了。

這種情況的本質，與找別人商量是一樣的。無論是商量還是發文，都是重質不重量。不管你跟幾個人商量、得到幾個讚，都無法以量取勝。有時候，跟一百個人商量，也不能解決問題。有時候，只跟一個人商量，問題馬上迎刃而解。

重點是跟誰商量。如果你和對方互相信賴，對方能掌握你目前的狀況，他提供的建議與意見自然相當可靠。那些無法掌握你情況的人，就沒辦法與你建立信賴關係。

離／6個解套的觀點，讓原諒與否都不成問題

人生是由一連串的意外所組成。有好事也有壞事，有些事情讓我們陷入絕望，也有些幸運來得突然，讓我們忍不住懷疑自己是否有資格接受。不管是哪一種情況，我們都能體會到各種不同的情緒。

美好的感情宛如一陣清風，稍縱即逝。醜惡的感情則會盤踞胸口，揮之不去。其中，最沉重、最難放下的，就是「無法原諒」的感情。

怨恨、憎惡、嫉妒，都是由無法原諒衍生的負面情緒。無法原諒來自各種不同的情況，不過背後的共通點都是放不下對別人的執著。這並非諷刺，而是執著

本身的能量真的非常強大。有些人的執著能量巨大，反而讓我心生佩服。幸好我一直都不太執著，自然不會遇上無法原諒的情況。

雖說如此，畢竟我是個普通人，難免也會發脾氣。在這種時候，我通常覺得無可奈何，因為我無法控制對方的情感。我會告訴自己：說不定是情勢所逼，或許對方就是這樣的人，也有可能是時間點不對。

當我非常不高興的時候，反而會同情對方。不管我再怎麼為對方找藉口，這個世界上就是有許多跟我合不來的人。我的處世之道，就是絕對不跟這種人打交道，或許是因為他們也還在學習的過程中。

以下是我的六項見解：

①每個人都正在成長。

②成長是一種學習，只有親身經歷才能得到教訓。

③每個人的成長速度都不同。

④在這個世界上，有些人關心進化，有人則否，每個人都不一樣。

⑤然而，兩者並無優劣之分。

⑥重點在於，認同彼此都還在成長的事實。

因此，原諒或不原諒的問題，本來就不存在。

當你離職、離婚或搬家，身分改變之後，無法原諒的念頭會隨之改變。於是，盤踞在自己心裡的負面情感跟著減弱、消失，我認為這也是一種解決方法。換個環境，離開造成壓力的溫床，到新的環境後，你會接收到新的資訊，心情也會跟著轉變。帶著全新的心情踏出下一步，重新再來過。

有些人堅持不逃避、不認輸、忍耐、硬撐下去，但如果努力到最後一刻，結果當事人崩潰的話，沒人能為此負責。前面也提到，不要執著於別人說的話。請記住，說話的人從不用負任何責任。

離／3種情況，你得借助別人的力量

生活中，自己與別人的力量消長，可能會把小事化大，或是反過來使大事化小。

「自己的力量」正如其名是個人的力量，別人的力量就是其他人的力量。仰賴別人力量的人，無法堅強地活下去；喜歡靠自己力量的人，存活能力比較強，這是因為他們熟知別人力量中潛藏的能量。

真正了解別人力量的人，會對周遭的人心存感謝。我們拜託別人、依賴第三者幫忙做自己辦不到的事時，如果沒有感謝之心，便無法得到別人的力量。即使運氣好，碰到別人出手相助，對方應該也不會再信任你了。了解別人的力量，即可得知「這個世界是由能量循環建構而成」的事實。

有些人瞧不起靠別人達成自己願望的人，但若我們能心懷感激地借助別人的力量，我覺得這樣做並沒有什麼不好。不過，如果沒有感謝的心情，事後那些負面能量會反彈回到自己身上，這就是報應。

最好的情況當然是靠自己的力量完成。然而，光靠自己一個人的力量，還是有辦不到的事情。這是因為社會走向複雜化，如果不經由各司其職的方式，只會造成壓力。

在工作方面也一樣，每個人都有各自擅長、能做的事。因此，面臨下列三種情況時，我們應該好好借助別人的力量。

①自己不拿手、不擅長的事情。
②有心想做，但是身心靈都沒有餘力的情況。

③為了讓第三者學習。

其中，為了讓第三者學習很重要。

這一點與工作現場也有關係。不管你從事哪一種職業，只要成為上司或主管，自然會有下屬。主管的立場是指導與監督下屬，因此讓下屬累積經驗，自然也是主管工作的一部分。

請大家想想看，我們現在能夠活在這個世界上，靠的全是別人的龐大力量。舉凡吃的、穿的、讀的、交通、遮風避雨之處，絕對是自己一個人無法成就的能量。拜這些能量所賜，我們才能活下來。人只要活著，就會不斷地接受別人的恩惠。

對於最近蔚為話題的眾多客訴案件，如果大家能充分理解自己的力量跟別人的力量，客觀坦誠地看待事物，就不會把事情鬧大了。即使別人對你稍有怠慢，只要心存「活著就是互相幫助」的觀點，應該都能放下。

日本人自古就具備「喧嘩兩成敗」[27]的概念。多為其他人著想、心存敬意，幾乎所有的糾紛都能圓滿收場。若不懂得互助與體諒，也不明白為什麼要心存敬意，總有一天，那些能量一定會化為「絕對無法原諒」的負面感情爆發出來。

27 日本封建時代的刑法之一。意即發生糾紛或衝突的雙方，不問誰是誰非，都必須受到懲罰。

斷／在危急中，你越能感受集體力量的威力

醫療的世界，可以說是別人力量的集合體。

拿急診為例，假設有一個人倒在路邊。如果想要救他，現場的人要先進行某種程度的急救。接下來，要有人打一一九叫救護車。消防局人員接到電話後，會請離事發位置最近的消防隊出動。看到這裡，大家應該能明白，其中需要動用很多人的力量，不過我們平常很少感受到背後的機制。

送到醫院之後，如果沒辦法檢查就無法救了。若要動手術，卻沒有空的手術室，或是缺少工具、藥品及機械，也是無法救。如果沒有管理病歷的醫療資訊系

統，病人還是沒救。若病房沒有床或是被服用品，也是沒救。沒人製作料理、沒有專門業者幫忙處理醫院製造的大量垃圾，同樣沒救。

人們通常認為，醫療或醫院只要有醫師或護士即可成立，不過醫療可不是這麼單純的世界，背後的職務分配遠遠超乎大家的想像。剛才列舉的因素，只不過是其中的一小部分。

我們醫師特別容易感受到別人力量之際，就是在病患及家屬對我們說「謝謝」的時刻。不管從事哪一種工作，大家都是一樣的。即使我們沒辦法做到滿分，只要聽到「謝謝」兩個字，反而覺得自己獲得別人的幫助。

我從醫學系畢業的時候，差不多是一九七〇年代。當時我在一家小型急診醫院工作，夜間只有一名醫師，白天頂多兩名。有些病例在現在應該不會死亡，當時卻無法救活。尤其在遇到年輕的病患時，我身為一名醫師，總會懊惱不已：「這樣真的好嗎？」儘管我已經盡自己最大的努力，還是無法救活所有人。

病患過世後，我必須向家屬說明，家屬卻不斷點頭致意，對我說：「感謝您鼎力相救。」當時的我還年輕，心裡覺得過意不去。看到家屬已經做好心理準備，接受眼前的事實，由衷感到敬佩。

我當醫師並不是為了得到別人的感謝，然而只要聽到這句話，都會深刻感受到自己已經盡全力幫助別人。雖然每位醫師的就業型態不盡相同，但是大部分的醫師幾乎都無法遵守勞動基準法，日以繼夜地診療病患，在超乎人們想像的辛苦條件下工作。那句話成了我們工作的原動力。

也許有人覺得難以置信，但對我而言，聽到「謝謝」時的那份心情，正是鞭策自己繼續努力下去的力量。

醫療界有一句話：「晚到的醫師才是名醫。」意思是比起第一個看診的醫師，接下來看診的醫生才能做出更正確的診斷。從這句話中，也能感受到別人的力量。

醫療的世界一直被時間追著跑，新資訊不斷推陳出新，通常初診（第一次問診）沒辦法看清全貌。

每個醫師都有過這般深刻的體驗：雖然這一刻已經判明了這個症狀，但在幾個小時、甚至是幾天後，病情出現不同的變化。若初診沒發現的病徵，演變為不好的結果，會被人說是誤診。

當初診鎖定特定的病症時，誤診的可能性變高。但也不能因為這樣，診斷時就包山包海地列出各種可能。應該針對疾病，講述多種可能：或許是A，也或許是B。不過，如果想找出這些可能性，還是得靠別人的力量。

正念／讓靈魂覺醒，體會真正「愛」的本質

儘管我一直說，我們在死後能與先離世的人再會，但畢竟那是一個肉眼看不到的世界，少數人無法認同我的說法。

人們無法消除對死亡的恐懼，這是因為他們並不相信死後世界的存在。如果因為某種機緣，像是車禍、生病、靈魂出竅的體驗，對於死後世界產生好奇心或是放下猜疑，今後的人生一定會更輕鬆。

已經離世的人，可以自由自在地在那個世界見面。死後世界跟我們現在這個世界完全不同，那個世界不是靠出生地、財產、權力、地位、名聲或名譽等三次

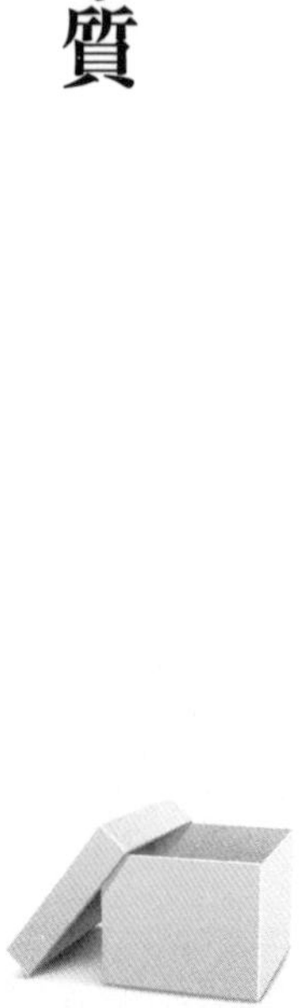

元的標準來分類。那是一個能量同調的世界，靈魂將按照不同的特徵，組成集團。

相處多年的家人離世後，心上彷彿開了一個大洞，有時傷心的期間太久，甚至無法回歸社會。在世的人千萬別擔心對方有沒有成佛，不要一直沮喪、難過，這樣反而會讓離世的人放心不下。我們必須借助時間的力量，沖淡脆弱的心情。

死後世界並不是肉體、物理的世界，那裡的愛情跟我們在這個世界上感受到的愛情不同。在死後世界，越超脫的靈魂越不會執著。愛情也不是個人的感情，而是往大愛的方向發展。少了肉身這個轉換器、濾波器，柏拉圖式的純愛將會往更高層次發展，促使超意識覺醒。靈魂會按照波動（頻率），也就是每個人的能量加以細分。當靈魂覺醒後，即可前往更高的次元。據說若想留在原來的次元，也可以不要離開。

關於這個部分，日本心靈科學研究泰斗淺野和三郎的著作《小櫻姬物語》有更詳細的介紹，大家若有興趣，請務必拜讀。

正念／用「正態度」面對人生的負能量

我們能創造未來、改變過去。我們可以從任何一個時間點起步，不會受到年齡、職業及性別的限制。

現在才是最重要的時刻，也就是古神道的「中今」。

人們曾經以為絕對不會改變的想法、價值觀與思考，在現在這一秒，只要換個觀點就能改變。連那些固有觀念也一樣，你只要下定決心拋棄過去的自己，就能在這一秒自由地創造新的觀念。

我們不能成為其他人，同時也可以成為其他人。

會有煩惱，通常是在給自己設限時，為自己套上腳鐐，限制自己的熱情。此時，只要拿掉盤踞在心裡的限制就行了。與其擔心失敗或是萬一沒做好很丟臉，不如問問自己是否真的需要這些限制、負面能量？

我們不斷投胎轉世，就是為了體驗人生的各種故事，失敗、丟臉沒什麼大不了。你現在猶豫不決的事情，只要錯過就不會重來。即使以前有過類似的經驗，內容也不一樣。所有經驗都非常珍貴。

因此，我們必須主動出擊。只有你能經營自己，你可以跟別人商量，但最終決定權還是掌握在自己手上。

日本人很喜歡「現在先咬牙苦撐」，或是「現在先忍耐」之類的話。但是，請大家不要犧牲現在。

山本常朝[28]曾說：「所謂武士道，就是看透死亡。」他以這句話開頭，告

28 江戶時代的武士、鍋島藩士、《葉隱》的口述者。葉隱意即「在君主看不到的地方也要盡忠」，主要講述武士的忠君事蹟，為日本武士道的經典。

訴大家要為生活的各種情況做好心理準備，平常就該看淡一切。也許我們會染病猝死或意外戰死，說不定家人會發生意外，但是只要有了「道」，即使遭遇不測，我們也不會動搖。

這一點跟「珍惜當下」有異曲同工之妙。

把這句話套用在現代，不管是工作、家庭、人際關係還是興趣，我們都要拚命地活在當下。努力為未來打基礎、儲蓄這些事固然重要，倘若能樂在其中更好。有人認為努力建立在自我犧牲上，努力很痛苦，這是錯誤的想法，請大家立刻捨棄這樣的觀念。

如果有時間悔恨過去，有餘力擔心未來，不如做好現在想做的事，去想去的地方，見想見的人。請大家想像一下自己想做的事。在想像的過程中，悶悶不樂的煩惱，將會墜入時間的谷底消失得無影無蹤。在你的人生中，所有事件與故事都有它的價值。就連墜入谷底的煩惱，總有一天也會化為你的故事。

重點整理

- ☑ 決定想做和該做的事，誠實地傾聽自己內心的聲音。
- ☑ 當觀點固定不動時，你看不見出口。
- ☑ 不懂沒什麼好丟臉的，真正丟臉的是不懂裝懂。
- ☑ 無論處於什麼樣的環境，決定原地踏步的不是別人，而是你自己。
- ☑ 我們騙得了別人，卻騙不了自己。
- ☑ 信賴不是單行道，而是雙向關係。
- ☑ 原諒或不原諒的問題，本來就不存在。
- ☑ 人只要活著，就會不斷地接受別人的恩惠。
- ☑ 聽到「謝謝」時的那份心情，正是繼續努力下去的力量。
- ☑ 有時間悔恨過去，有餘力擔心未來，不如做好現在想做的事。

國家圖書館出版品預行編目(CIP)資料

斷捨離的 56 堂正向課：放下，簡單，你就能成功！／矢作直樹著；侯詠馨譯. -- 二版. -- 新北市：大樂文化，2020.10
208 面；14.8×21 公分. --（優渥叢書 Health；6）
譯自：悩まない　あるがままで今を生きる
ISBN 978-957-8710-79-5（平裝）

1.成功法　2.生活指導
177.2　　109007339

Health 006

斷捨離的 56 堂正向課

放下，簡單，你就能成功！

（原書名：《人生整理課》）

作　　者／矢作直樹
譯　　者／侯詠馨
封面設計／蕭壽佳
內頁排版／顏麟驊
責任編輯／陳珮筑
主　　編／皮海屏
圖書企劃／王薇捷
發行專員／呂妍蓁
會計經理／陳碧蘭
發行經理／高世權、呂和儒
總編輯、總經理／蔡連壽

出 版 者／大樂文化有限公司（優渥誌）
220 新北市板橋區文化路一段 268 號 18 樓之一
電話：(02)2258-3656
傳真：(02)2258-3660
詢問購書相關資訊請洽：2258-3656
郵政劃撥帳號／50211045　戶名／大樂文化有限公司

香港發行／豐達出版發行有限公司
地址：香港柴灣永泰道 70 號柴灣工業城 2 期 1805 室
電話：852-2172 6513　傳真：852-2172 4355

法律顧問／第一國際法律事務所余淑杏
印　　刷／科億印刷股份有限公司

出版日期／2016 年 6 月 13 日
出版日期／2020 年 10 月 12 日二版
定　　價／260 元（缺頁或損毀的書，請寄回更換）
I S B N／978-957-8710-79-5

優渥叢書

優渥叢書